Franz Lackner / Clemens Sedmak

Kaum zu glauben

FRANZ LACKNER
CLEMENS SEDMAK

Kaum
zu
glauben

Annäherung an Grundworte
christlichen Lebens

Tyrolia-Verlag · Innsbruck-Wien

Gewidmet meinen Eltern

Franz Lackner

Mitglied der Verlagsgruppe „engagement"

© 2018 Verlagsanstalt Tyrolia, Innsbruck
Umschlaggestaltung: stadthaus 38, Innsbruck
Layout und digitale Gestaltung: Tyrolia-Verlag, Innsbruck
Druck und Bindung: FINIDR, Tschechien
ISBN 978-3-7022-3678-6 *(gedrucktes Buch)*
ISBN 978-3-7022-3685-4 *(E-Book)*
E-Mail: buchverlag@tyrolia.at
Internet: www.tyrolia-verlag.at

VORWORT

Ein Buch braucht einen Anfang. Anfänge sollen beherzt gesetzt werden. Im Buch Kohelet heißt es: „Für jedes Geschehen unter dem Himmel gibt es eine bestimmte Zeit" (Koh 3,1). Jesus beginnt sein öffentliches Wirken unter dem Himmel von damals mit einem Aufruf: „Die Zeit ist erfüllt, das Reich Gottes ist nahe. Kehrt um, und glaubt an das Evangelium" (Mk 1,15). Der Aufruf sei uns Weckruf. Das Evangelium bleibt durch alle Zeiten hindurch aktuell. Die Zeit ist erfüllt! Lasst uns anfangen!

Es gibt so viele Bücher. Deswegen ist Jesu Aufruf auch Weckruf für schläfriges Bücherschreiben, das selbstverständlich davon ausgeht, dass ein neues Buch spannend und wichtig ist. Es gibt auch, wenn man ehrlich ist, viele Bücher von Bischöfen. Braucht es da wirklich ein weiteres Buch aus der Feder eines Bischofs, der mit einem Mitstreiter zum Schreibenden wird?

Wir, die Autoren, hoffen, dass dieses Buch hilfreich ist. Wir hoffen, dass es für dieses Buch „eine rechte Zeit gibt" und dass wir eben jetzt in dieser rechten Zeit sind. Natürlich ist dieses Buch nicht notwendig. Aber es möchte hilfreich sein. Papst Franziskus hat die Kirche mit einem

Feldlazarett verglichen. Dieses Buch ist nicht Mittel in der Notversorgung, kein starkes Medikament, schon gar nicht Werkzeug einer schmerzhaften Notoperation. Die Lektüre dieses Buches mag eher wie ein Kuraufenthalt für die Seele sein. Die Seele kann zur Ruhe kommen, so unsere Hoffnung, sie kann Kraft schöpfen, sie kann in die tiefen Fragen und Begriffe eintauchen wie in ein Bad.

Die französische Philosophin Simone Weil hat einmal geschrieben: „Das menschliche Leben findet überwiegend fern von heißen Bädern statt." Das ist ein seltsamer Satz. Aber man kann ihn verstehen, wenn man weiß, dass Simone Weil zeitlebens unter schweren Migräneanfällen litt; sie hatte große Schmerzen. Heiße Bäder brachten Linderung. Wer kennt nicht die wohltuende Wirkung eines heißen Bades?

Das Leben von uns Menschen mit all seinen Herausforderungen findet freilich überwiegend fernab von wohltuenden heißen Bädern statt. Da gilt es den beruflichen Alltag zu meistern, den Haushalt zu organisieren, die Steuererklärung auszufüllen, Arzttermine wahrzunehmen, für die Familie da zu sein.

Dieses Buch will ein wohltuendes heißes Bad sein im Feldlazarett der Kirche. Wir legen ein „spirituelles Wörterbuch" vor, das Schlüsselbegriffe des christlichen Lebens bedenkt. Manche Erfahrungen des Glaubens, ja viele Lebenswege erfüllen uns mit Staunen: kaum zu glauben! Begriffe, die diesem Staunen nachgehen, haben wir erkundet. Diese Schlüsselbegriffe sind auch die Anker in unserem persönlichen Glaubensleben. Wir laden ein, in die Fragen und in die Antworten, die wir vor allem im Wort Gottes finden, einzutauchen.

Was ist Gnade in meinem Leben? Was bedeutet es, ein betender Mensch zu sein? Was ist die Kirche? Wie kann ich mein Leben als gottgeführt lesen?

Wir wollen in diesem Buch den drängenden Fragen nicht ausweichen. Wir wollen keine billigen Antworten geben. Wir wollen ehrlich sein. Aus diesem Grund ist dieses Buch stellenweise auch sehr persönlich. Denn schließlich sind wir alle als Suchende und Pilgernde unterwegs, auch wenn wir uns getragen und berufen und geführt wissen.

Dieses Buch ist als Gemeinschaftswerk entstanden; beide Autoren haben beigetragen. Erzbischof Franz hat den Haupttext verfasst, die kursiv gesetzten Textteile stammen von Clemens Sedmak.

Wir wollen eine Hilfe anbieten, Jesu Aufruf und Weckruf zu folgen: „Die Zeit ist erfüllt, das Reich Gottes ist nahe. Kehrt um und glaubt an das Evangelium" (Mk 1,15).

Dies ist ein Aufruf, zu hören und Jesus wachsen zu lassen, in unserem Herzen, in unserem Leben, in unserer Welt. So hat es Johannes der Täufer gesagt: „Er (Christus) muss wachsen, ich aber muss kleiner werden" (Joh 3,30).

+ Franz Lackner, Clemens Sedmak

Salzburg, im Sommer 2017

INHALTSVERZEICHNIS

„ER ABER MUSS WACHSEN"

ZUR EINLEITUNG

Machtvoll tritt er auf, Johannes der Täufer. Er ist ein Vorbild des geistlichen Lebens, ein Wegbereiter für Jesus Christus, aber auch ein Wegbegleiter für uns, die wir Christus nachfolgen wollen. Er ist mutig, er legt sich mit den Autoritäten an, deren Lebenswandel er in Frage stellt. Er ist zwischen den Welten; er ist der, der vorbereitet, er ist der, der sagt: Nach mir kommt einer, der größer ist als ich. Wir finden ihn in der Wüste, wo er ein einfaches Leben führt. Er ist hinausgegangen aus den Städten, hat die Grenzen der Stadtmauern hinter sich gelassen. Er hat eine klare Botschaft, die Einladung zur Umkehr. „Umkehr", das heißt im Griechischen „metanoia", wörtlich Sinneswandel. Und das kann man als Einladung verstehen, über das bisher Gedachte hinauszudenken, über das bisher Getane hinaus zu tun, neu anzufangen. Es ist so wichtig, dass wir uns immer neu innerlich ringend um das klare Wasser des Ursprungs bemühen. Um den Geist des Anfangs.

Immer, wenn es um das Verstehen von Personen geht, bedarf es der unverbrauchten Kraft der ersten Liebe. Einen Menschen lieben heißt, ihn immer wieder mit neuen Augen zu sehen. Gott zu lieben heißt, aus der Kraft der ersten Liebe zu leben. Wer erinnert sich nicht daran, wie in einer tiefen Liebe der Anfang zauberhaft war? Um diesen Anfang geht es. Leben aus dem Zauber der anfanghaften Liebe.

Johannes der Täufer lädt zu einem Neuanfang ein. Das ist wohl der Kern eines geistlichen Lebens: die Bereitschaft, immer wieder neu anzufangen, das Leben mit einem Geist des Anfangens, des Umkehrens und des Staunens zu leben. Papst Franziskus erinnert uns in seinem Schreiben *Evangelii Gaudium* daran, dass wir die Freude am Evangelium nicht vergessen dürften. Diese Freude, die am Anfang eines Glaubenslebens steht: Ja, es ist wahr – Gott will sich uns schenken, will uns ein Leben in Fülle schenken, will, dass wir in Freude und Frieden leben. Auch Johannes der Täufer lebt aus dieser Freude – er sieht Jesus und sagt: „Diese Freude ist nun für mich Wirklichkeit geworden" (Joh 3,29).

Die Botschaft des Johannes ist Einladung zur Freude an Jesus. Die Botschaft Johannes des Täufers ist tröstlich: „Das Himmelreich ist nahe" (Mt 3,2) – es ist zum Greifen nahe, das Leben mit Gott und das Leben in Gott. Gott ist nahe, die Gemeinschaft mit Gott ist möglich. Wir können unser Leben, unseren Alltag mit Gott gestalten.

Denn die Botschaft des Johannes ist auch alltagstauglich, er verlangt nichts Unmögliches. Zu den Zöllnern sagt er: „Verlangt nicht mehr, als festgesetzt ist", zu den Soldaten sagt er: „Misshandelt niemand, erpresst niemand, begnügt euch mit eurem Sold!" (Lk 3,13-14). Das sind realistische Forderungen.

Ein gutes geistliches Leben wurzelt in der Freude und bewährt sich im Alltag. Johannes der Täufer ist uns deswegen so nahe als Vorbild im geistlichen Leben, weil ja auch wir aufgerufen sind, Zeuginnen und Zeugen zu sein, denn wir sind diejenigen, die durch unser Leben auf Christus zeigen. Johannes der Täufer steht daneben. Im Zentrum steht Christus. Dieses „Danebenstehen" ist ein schönes Bild für das geistliche Leben. Denn es geht darum, dass das Reich Gottes „mitten unter uns", aber auch „durch uns" erfahrbar wird. Es geht darum, dass Christus sichtbar wird. Wir sind ja alle gewissermaßen Stellvertreterinnen und Stellvertreter Christi; so wie Johannes der Täufer ein „Platzhalter" war, bis Jesus gekommen ist. Und da sieht man auch die Tiefe der Wahrheit: Stellvertretung heißt nicht, einen Abwesenden zu ersetzen, sondern: einen Anwesenden sichtbar zu machen. Das ist die Mission des Johannes.

Und seine Mission ist auch unsere: „Er (Christus) muss wachsen, ich aber muss kleiner werden."

Diese Mission ist das, was christliches Leben ausmacht – so zu leben, dass Christus und die Erfahrbarkeit von Christus wachsen kann; durch unsere Liebe und durch unser Verzeihen und durch unsere Zuversicht soll andeutungsweise erkennbar sein, wie Jesus liebt und verzeiht und Zuversicht schenkt, weil wir aus Christus und seiner Liebe leben.

Johannes der Täufer sagt an einer Stelle: „Ich bin nicht der Messias" (Joh 1,20). Damit sagt er: „Ich bin nicht der Heiland", „Ich bin nicht der, der das Leben schenkt und alles neu macht und zur Fülle führt". Jeder Mensch auf dieser Erde, jeder Bischof, jeder Papst, jeder Priester, jeder Professor und jede Professorin, jeder Poet und jede Poetin, sie alle, alle können und müssen sagen: „Ich bin nicht der Messias".

Und so sollen wir auch leben als Christinnen und Christen. Wir sind nicht die, die im Zentrum stehen. Im Zentrum steht Jesus, wir stehen daneben. Wir sollen nicht auf uns zeigen, sondern auf Christus.

Das ist, wenn wir ehrlich sind, nicht so leicht. Wie mühelos es doch geschieht, dass es um uns geht, um unseren Vorteil, um unsere Ehre, um unsere Bequemlichkeit. Was heißt es, mich so zurückzunehmen, dass durch mein Leben in einer einzigartigen und persönlichen Weise Christus sichtbarer wird?

Kaum zu glauben, dass dies möglich ist; kaum zu glauben, dass Christus uns meint, uns nachgeht, uns sucht, kaum zu glauben, dass wir ihn suchen und finden dürfen.

Dieses spirituelle Wörterbuch will anhand von Schlüsselbegriffen diesen Fragen nachgehen – den Fragen nach einem Leben, das Christus wachsen lässt.

ARMUT

Armut ist Unsicherheit. Unsicherheit aushalten zu können ist eine Form der Lebenskunst. Unsicherheit kann sich in vielem zeigen – auch im Fehlen von Klarheit und Eindeutigkeit. Pauline Boss, eine amerikanische Psychologin, hat mit Familien gearbeitet, die einen Angehörigen vermissen. Die Familien wussten nicht: Ist der Vater noch am Leben? Ist die Schwester gestorben? Boss hat beschrieben, wie groß die Belastung durch diese Unsicherheit war. Schmerzhafte Eindeutigkeit (wenn etwa der Leichnam des vermissten Angehörigen gefunden wurde) kann weniger belastend sein als die Unsicherheit. Armut hat viel mit Unsicherheit zu tun – ein Mangel an Ernährungssicherheit bedeutet, nicht zu wissen, ob es eine nächste Mahlzeit geben wird und woher sie kommen soll. Ein Leben in Armut bringt es mit sich, dass es schwer ist, Pläne zu schmieden, vorauszuschauen.

Die Herausforderung meines Lebens heißt Armut. Als Kind war es vor allem materieller Mangel, man musste Schulbücher bezahlen, die Eltern hatten aber das Geld nicht. Die bedrängende Ungewissheit, nicht verstehen zu können, warum sich unsere Familie vieles nicht leisten konnte, sehr wohl aber die Familien meiner Mitschüler. Der

Arme war den Zufälligkeiten der Natur hilflos ausgeliefert: Wenn zum Beispiel Hagel die Ernte zerstörte, geriet die Lebensgrundlage in Gefahr. Als junger Priester habe ich einmal gepredigt, wie sehr wir um gute Ernte gebetet hatten. „Das ist nicht mehr notwendig, denn wir sind ja versichert", hat jemand geantwortet. Das Leben ist heute viel sicherer geworden.

Als ich bei den Franziskanern eingetreten bin, waren diese nicht krankenversichert. Die verschiedenen Orden ergänzten einander. Bei Krankheit suchten wir die Barmherzigen Brüder oder die Elisabethinen auf. Für den Gottesdienst, die Seelsorge, das Exerzitienpredigen waren wir Franziskaner zuständig. Aber mit der Zeit wurden die Behandlungen komplexer. Einmal musste sich ein Mitbruder einer Lebertransplantation unterziehen, das haben die Ordensspitäler nicht angeboten. Dafür war das Allgemeine Krankenhaus zuständig. Zum Glück war dieser Bruder als Lehrer auch krankenversichert. Das entfachte im Kloster eine Diskussion. „Nur die ganz Reichen können es sich leisten, nicht versichert zu sein", hat es geheißen. Dagegen war nichts einzuwenden. Dennoch, mit der Sicherheit geht etwas Wichtiges für unsere Nachfolge verloren: das Wagnis, ausgeliefert zu sein, als Bittende demütig zu bleiben. Demut als Tugend, die uns hilft, das ursprüngliche Charisma nicht zu verlieren.

Das ursprüngliche Charisma ist stets gefährdet – dadurch, dass man es reduziert oder auch dadurch, dass man es aufbläht. Das ist so ähnlich wie mit der Überlieferung von Texten, die im Laufe der Geschichte durch Zusatzbemerkungen aufgebauscht werden oder durch Streichungen und Kürzungen an Substanz verlieren. Die Franziskaner haben in radi-

kaler Armut begonnen. Die Zeiten haben sich geändert. So könnte man fragen: „Würde sich der heilige Franz von Assisi heute versichern lassen?"

Ich glaube schon. Die Franziskaner haben sich den Lebensrealitäten gestellt. Als Bettelorden kann man nicht wählerisch sein. Aber Franziskus würde sich unserer Zeit gemäß einem neuen Wagnis aussetzen. Auch bei wirklich notwendigen Änderungen ist die Gefahr groß, dass etwas verloren geht. Da braucht es Wachsamkeit.

Was geht verloren, wenn die Unsicherheit der Armut durch die Sicherheit von Wohlstand ersetzt wird? Die Versuchung zu glauben, dass der Mensch sich selbst genügt, steigt. Da fällt es dann vielleicht schwerer, das eigene Leben ganz in Gottes Hand zu wissen und ganz in Gottes Hand zu legen. Der Geist der Armut ist auch der Geist der Offenheit. Die Sehnsucht nach eindeutigen Antworten ist nicht der Geist der Armut. Papst Franziskus schreibt in Amoris Laetitia *im achten Kapitel, dass wir in besonderer Weise auf den Einzelfall, auf die besondere Situation des einzelnen Menschen achten müssen. „Man muss jedem Einzelnen helfen, seinen eigenen Weg zu finden, an der kirchlichen Gemeinschaft teilzuhaben, damit er sich als Empfänger einer ,unverdienten, bedingungslosen und gegenleistungsfreien' Barmherzigkeit empfindet" (Amoris Laetitia, 297). Und: „Es ist kleinlich, nur bei der Erwägung stehen zu bleiben, ob das Handeln einer Person einem Gesetz oder einer allgemeinen Norm entspricht oder nicht, denn das reicht nicht aus, um eine völlige Treue gegenüber Gott im konkreten Leben eines Menschen zu erkennen und sicherzustellen" (ebd., 304). In der Achtung vor den einzigartigen Situationen mit ihren persönlichen Geschichten können wir nicht* mit dem Reichtum allgemeiner Prinzipien allein die Lösung finden, sondern müssen offen werden, „leer" werden für den Blick auf den Einzelfall. Auch das ist eine Form der Armut, nicht in allem die Sicherheit der allgemeinen Norm zu haben. Das mag manche mit Unruhe erfüllen, aber auch Jesus hat mit Blick auf den Einzelfall geurteilt – den Blick auf die arme Witwe im Tempel, den Blick auf die verurteilte Ehebrecherin, den Blick auf den Zöllner Zachäus. Diese Fähigkeit, im Geist der Barmherzigkeit offen zu sein für das Besondere, ist Ausdruck von „Armut im Geiste".

„Armut im Geiste" gehört ins Zentrum der Kirche und bleibt ständig eine Herausforderung. Leben im Geist der Armut bedeutet Indifferenz als Glaubenshaltung Gott gegenüber, sich nicht ängstlich zu sorgen, sondern zu vertrauen. Im Buch der Sprichwörter heißt es: „Gib mir weder Armut noch Reichtum" (Spr 30,8). Das ist die rechte Haltung; denn Armut kann verzagt machen, Reichtum hochmütig. Papst Benedikt weist auf die Problematik von Geld und Kirche hin und trifft damit einen wichtigen Punkt. Als Weihbischof kam ich in den Genuss, selbst Geld zu verdienen. Denn Franziskaner besitzen kein eigenes Einkommen, dieses gehört immer der Gemeinschaft und der Orden kümmert sich um die Bedürfnisse der Brüder. Geld bedeutet Macht und ermöglicht Unabhängigkeit, und darin liegt die Versuchung, der alleinigen Selbstbestimmung zu verfallen und den Gemeinschaftssinn zu verlieren. Hier gilt es, die Freiheit zu bewahren, den Blick auf den anderen, die Sehnsucht nach Gott nicht zu verstellen. Der Mensch ist ein Mängelwesen, allein findet er nie das Auslangen, letztliche Erfüllung gibt es nur in Gott. Franz von Assisi schreibt in seinem Testament, die heilige Armut lässt uns wie Pilger und Fremdlinge leben. Im Geist der Sehnsucht nach dem, was die Welt nicht geben kann. Der Mensch muss immer der Tendenz der Alleingenügsamkeit widerstehen, offenbleiben für den anderen, für Gott, dazu kann Armut ein Lehrmeister sein, aber Armut kann auch eine Geißel sein, wenn sie Ausdruck eklatanter Ungerechtigkeit ist.

Armut ist also zwiespältig. Armut ist einerseits eine Geißel – es ist eine schreckliche Belastung, Geldsorgen zu haben; es ist bedrückend, ausgegrenzt zu sein, nicht mittun zu können bei den selbstverständlichen Aktivitäten einer Gemeinschaft. Es ist selbstverständlich, ein Bankkonto, eine Telefonnummer, eine Adresse zu haben – es ist qualvoll, dies nicht zu haben. Eine Alleinerzieherin in einer brasilianischen Favela, die vom Müllsammeln gelebt und auf diese Weise ihre drei Kinder ernährt hat, hat Armut auch beschrieben als bittere Abwesenheit von Schönheit, schönen Dingen, schönen Orten, schönen Speisen, schönen Erfahrungen. Hier wird Armut zu einer Geißel. Gleichzeitig ist Armut ein christliches Ideal – Franz von Assisi hat die Armut gelebt, er hat sie auch und vor allem als materielle Armut geliebt. Die materielle Armut war für ihn Lehrmeisterin, die ihn näher zu Jesus geführt hat. Das leuchtet allen ein, die den Wert des einfachen Lebens kennen lernen durften. Freilich: es ist ein Unterschied zwischen selbst gewählter Einfachheit und drückender Armut.

Aufgewachsen bin ich in bitterer Armut. Zu sagen, dass ich die Armut liebe, fällt mir schwer, zu sehr habe ich sie negativ erlebt.

Mein Vater, 1911 geboren, musste zwei Weltkriege miterleben, den ersten als Kind, den zweiten als Soldat in Russland mit anschließender zweijähriger Gefangenschaft. Der Mentalität nach ist er immer Knecht geblieben. Das war früher so. Schon sein Vater lebte als Kleinbauer, Keuschler. Notgedrungen musste man als Knecht beim größeren Bauern anheuern – eine Art Kooperation zwischen Klein und Groß, denn allein war man nicht lebensfähig.

Wir waren wirklich sehr arm, alles war knapp. In der Familie gab es des Öfteren auch Streit, meistens ausgelöst durch Not. In mir hat diese Situation Grübeln und Nachsinnen ausgelöst. Es manifestierte sich der Eindruck, da ist etwas grundsätzlich schiefgegangen. Wir waren fünf Kinder, nach meiner Einschätzung einfach zu viele. Heute weiß ich, dass meine Geschwister damit besser zurecht gekommen sind als ich. Mich bedrängten quälende Fragen. So war ich überzeugt, dass Eltern die Kinderzahl nicht bestimmen konnten, denn meine Eltern litten darunter, uns Kindern nicht bieten zu können, was notwendig gewesen wäre. Warum Gott diesen beiden armen Menschen fünf Kinder zutraute, vermochte ich schon gar nicht zu verstehen. Armut schien unser Schicksal. Etwas, das uns zugekommen ist, dessen wir uns nicht zu erwehren vermochten. Ich erinnere mich an Weihnachten. Wir hatten einen Christbaum, aber der war vollkommen schmucklos. Dagegen hätte man leicht etwas tun können, Stroh und Nüsse wären ja da gewesen, aber niemand ist auf die Idee gekommen, sie an den Christbaum zu hängen. Armut schien mir mit Schuld und Unvermögen verbunden. Diese Form von Armut ist nichts Schönes, kein Ideal.

Armut zu lindern und zu bekämpfen ist deswegen ein christlicher Auftrag. Armut kann drückend werden, Armut kann Menschen in Notsituationen bringen, wo sie sich nicht mehr redlich verhalten, nicht mehr Verantwortung wahrnehmen können. Alle Menschen sollen etwas beitragen können, alle Menschen sollen die Möglichkeit haben, Verantwortung zu übernehmen. Das nennen wir in der Philosophie „beitragende Gerechtigkeit". Es ist gerecht, wenn alle etwas beitragen können. Deswegen kann Armut grausam sein, wenn sie die Möglichkeit nimmt, etwas beizutragen. Christinnen und Christen sind dazu aufgerufen, an der Seite der Armen zu stehen. In der frühen Kirche war die Bibelstelle Mt 25 („Was ihr dem geringsten meiner Geschwister getan habt, das habt ihr mir getan!") die am häufigsten verwendete Stelle, um auf die soziale Verantwortung der Christinnen und Christen aufmerksam zu machen. Die Hungernden speisen, die Nackten bekleiden, die Gefangenen besuchen – das war ein Auftrag, der zu einer Revolution der moralischen Vorstellungskraft führte, wie es ein Historiker beschrieben hat. Im Jahr 368 gab es eine Hungersnot in Kappadokien, und bis zu diesem Zeitpunkt waren im römischen Reich die Hungernden auf der Straße nicht das Problem der Menschen. Die christlichen Lehrer Gregor und Basilius machten anlässlich der Hungersnot den Menschen klar, dass es der Bruder und die Schwester sind, die da vor den Toren hungern und verhungern. „Das geht euch etwas an!" Das war eine echte Revolution im Denken und Fühlen, eine Überwindung der Indifferenz. Diese Überwindung der Indifferenz gegenüber der Not ist Papst Franziskus ein großes Anliegen. Kurz nach seinem Amtsantritt war er auf der italienischen Insel Lampedusa und hat dort vor der Gleichgültigkeit gewarnt. So predigte er am 8. Juli 2013 in Lampedusa mit den Worten: „Wer von uns hat darüber und über Geschehen wie diese geweint? Wer hat geweint über den Tod dieser Brüder und Schwestern? Wer hat geweint um diese Menschen, die im Boot waren? Um die jungen Mütter, die ihre Kinder mit sich trugen? Um diese Männer, die sich nach etwas sehnten, um ihre Familien unterhalten zu können?"

Die Not von Flüchtlingen möge uns nicht indifferent lassen; die Not und Armut anderer Menschen möge uns nicht gleichgültig sein. Menschen, die Armut kennen, haben viel zu sagen. Sie haben etwas zu sagen, das man in den Hörsälen nicht lernen kann. Papst Johannes Paul II. hatte bei seinem Besuch im „Haus der Barmherzigkeit" in Wien im September 1983 darauf hingewiesen, dass die Krankenzimmer einem Volk nicht weniger dienen als die Klassenzimmer und die Hörsäle. Menschen, die Krankheit erfahren, können Lehrmeisterinnen und Lehrmeister werden. Kranksein und Altwerden ist gewissermaßen die Königsdisziplin des Lebens und der Lebenskunst. Auch die Armut lehrt; Menschen, die Armut erfahren haben, können zu Lehrerinnen und Lehrern werden. Papst Franziskus drückt seine Sehnsucht nach einer „Kirche der Armen" aus, nach einer Kirche, die bei denen steht, die am Rand sind, und sich von den Randgestalten der Gesellschaft – den Ausgeschlossenen, den Flüchtlingen, den Wohnungslosen, den Kranken und, ja, auch den Sündern – belehren lässt. Denn Armut prägt.

Das Aufwachsen in Armut hat mich doch nachhaltig geformt. Eine unausgesprochene Ahnung sagte mir, man solle sich dieser dürftigen Situation nicht entledigen. Darunter habe ich als Kind sehr gelitten, heute bin ich jedoch eher dankbar für dieses Schicksal als mein „Geschickt-sein" in ein Leben, welches gerade deshalb so empfänglich ist für den Glauben. Insofern kann Armut zu einer Schule der Sehnsucht werden. Die darin liegende theologische Bedeutung ist mir erst viele Jahre später bewusst geworden, nach dem Eintritt bei den Franziskanern, beim Studium der Schriften des heiligen Franziskus. Besonders berührt mich immer wieder sein Testament. Ein Satz wird darin ständig wiederholt: „Der Herr hat gegeben." Schon im Eröffnungssatz bekennt Franziskus dieses, sein Prinzip der Nachfolge:

„So hat *der Herr* mir, dem Bruder Franziskus, *gegeben*, das Leben in Buße zu beginnen: Denn als ich in Sünden war, kam es mir sehr bitter vor, Aussätzige zu sehen. Der Herr selbst hat mich unter sie geführt, und ich habe ihnen Barmherzigkeit erwiesen. Und da ich fortging von ihnen, wurde mir das, was mir bitter vorkam, in Süßigkeit der Seele und des Leibes verwandelt."

In der Begegnung mit den Armen liegt eine verwandelnde Kraft Gottes. Gott ist es, der Franziskus unter die Armen schickt. Franziskus erweist ihnen Barmherzigkeit und erfährt eine wunderbare Umgestaltung: Schweres wird leicht, Bitteres süß. Franziskus nennt die Armut Herrin, die sein Leben fortan bestimmt. Im Loblied auf die Tugenden grüßt er Herrin heilige Armut und bittet, dass der Herr sie erhalte mit ihrer Schwester, der heiligen Demut. Franziskus erkannte, arm zu sein und mit den Armen zu sein hält eine Erinnerung wach: Die Erinnerung an den Reichtum von Glauben, Hoffnung und Liebe.

AUFERSTEHUNG

Gibt es ein Leben nach dem Tod? Der Glaube daran und an die Auferstehung Jesu Christi wurde seit der Antike unzählige Male in Frage gestellt, geleugnet, belächelt, und dennoch ist dieses Thema lebendig und konnte bis auf den heutigen Tag nicht widerlegt werden. Ich werde des Öfteren gefragt, wie ich mir Auferstehung vorstelle. Spontan kam mir einmal die Antwort: Auferstehung heißt, es gibt eine letzte Instanz von Wahrheit und Gerechtigkeit. In dieser Welt gibt es so viel Halbwahres: Es stimmt schon, aber nie ganz! Frank Sinatra hat auf seinen Grabstein schreiben lassen: „The best is yet to come!" – Das Beste kommt erst!

Auferstehung, das ist also die Erfahrung, einen bestimmten Platz am Tisch zu haben, Teil der Tischgemeinschaft zu sein, aber mehr zu sehen als nur das jeweilige Eck des Tisches. Auferstehung, das heißt, eingeladen zu sein, zu leben in jenem Haus, das viele Wohnungen hat und das niemals an ein Ende kommt. Auferstehung, das ist das Versprechen von „Ganzheit" und von „Fülle", auch von Ganzheit der Wahrheit und Fülle der Wahrheit, die wir jetzt nur bruchstückhaft erkennen.

Auferstehung ist ein unwiderrufliches Versprechen Gottes: Er lässt sich finden! Wie es im Lied der Lydia aus dem

Paulusoratorium treffend heißt: „Ich habe gesucht und du, oh Gott, hast mich gefunden!"

Gott lässt sich finden, im Tod und über den Tod hinaus. Auferstehung ist ein Versprechen, nicht eine Erfahrung. Über Auferstehung können wir nur in der Weise der Hoffnung sprechen, wir können nicht „beschreiben" und auch nicht „erklären". Wir hoffen – und dies mit guten Gründen –, dass Gott den Tod zum Guten wendet, das Leben in Fülle schenkt, nach dem irdischen Leben die Verheißung eines Lebens, das kein Ende nimmt, einlöst. Das Versprechen von Auferstehung ist nicht erfahrungslos, denn wir machen sie ja doch, die Erfahrungen der Auferstehung. Wenn Totgeglaubtes wieder erwacht, wenn Beziehungen, die dem Anschein nach am Ende sind, wieder mit Leben und Kraft erfüllt werden, wenn Vergebung geschieht und neue Brücken gebaut werden, wenn Kinder den Wert der Weisheit der Großeltern entdecken – dann sind dies alles Erfahrungen von Auferstehung. Es ist wichtig, im Glaubensleben über diese konkreten Erfahrungen, über die Erfahrbarkeit dessen, was unseren Glauben ausmacht, nachzusinnen. Wo erleben wir Gnade? Wo erfahren wir Erlösung? Wo begegnen wir Auferstehung?

Wir begegnen dem Geheimnis der Auferstehung angesichts der Grenzen, die Verlust, Ende, Sterben und Tod setzen. Die Erfahrung von Sterben und Tod bringt uns zum Schweigen, aber dieses Schweigen stellt auch sicher, dass der Tod kein letztgültiges Wort sprechen kann. Wir hoffen auf die Auferstehung, weil wir die Wirklichkeit des Todes nicht leugnen können.

Der heilige Augustinus hat diese Todeserfahrung tief erlebt, als sein Freund gestorben ist, und traurig-schön in

Worte gefasst: „Vom Schmerz darüber ward es finster in meinem Herzen, und was ich ansah, war alles nur Tod. Die Heimat war mir Qual ... und alles, was ich gemeinsam mit ihm erlebt hatte, war ohne ihn verwandelt zu grenzenloser Pein ... Ich war mir selbst zur großen Frage geworden." Eine Todeserfahrung, die jeder Mensch zu durchleiden hat, wenn ihm ein geliebter Mensch stirbt.

Im Angesicht des Todes bleibt die Frage – die Frage nach dem Wohin wie auch die Frage danach, wie es nun weitergehen soll. Dieses Fragen ist tröstlich und belastend zugleich – belastend, weil wir mit offenen Antworten leben müssen, tröstlich, weil die Hoffnung auf ein „Weiter" und ein heilendes Wohin nicht genommen werden kann. Hier liegen Schmerz und Hoffnung eng nebeneinander, so eng, dass sie nicht voneinander getrennt werden können. Es gehört mithin zum Leidvollsten, das uns das Leben auftragen mag: der Verlust eines geliebten Menschen; Abschied nehmen zu müssen von Mutter, Vater, Bruder, Schwester, Freundin, Freund, Nachbarin, Nachbarn oder gar Kind. Hier erfahren wir unsere Hilflosigkeit, Ohnmacht und Verletzlichkeit. Aber die Erfahrung des „Nein" zum Leben, wie es Tod und Vergehen mit sich bringen, diese Erfahrung ist nicht die letztgültige für uns.

Aus der Kraft der Auferstehung leben, heißt ein unbedingtes Ja zum Leben sagen, gerade wenn es schwer fällt. Dem Leben eine Chance geben, in Momenten des Leidens, sei es eigenes oder Mitleid am Nächsten. An Auferstehung glauben bedeutet auch, dem Leben im Hier und Jetzt nicht die ganze Lebensfülle abgewinnen zu müssen und nur auf das eigene Recht zu pochen, sondern bereit zu sein, zurückzutreten und sich von den Nöten anderer betreffen zu lassen. Es besagt weiters, die eigene Begrenztheit zu akzeptieren, sich einzugestehen, ich bin ein Sünder, ich könnte besser sein, bin es aber nicht! An Auferstehung glauben bedeutet außerdem, nicht dem Tod das letzte Wort einzuräumen, sondern sich überraschen zu lassen, die Ursehnsucht nach Unsterblichkeit zu entdecken, letztlich Gott in uns eine Chance zu geben.

Wenn wir wirklich auf die Auferstehung hoffen, dann ist unser Leben offen auf ein ganz Anderes hin. Dann brauchen wir gerade nicht das letzte Wort, das letzte Recht, die letzte Abrechnung zu haben. Manchmal sprechen wir im Christentum von einer „nachösterlichen Spiritualität" – es ist Teil dieser nachösterlichen Gesinnung, unser Leben als „vorletztes" zu leben und damit auch keine letzten Antworten von diesem irdischen Leben zu erwarten; keine letzten Antworten auf der Suche nach Glück und Heil. Und doch getragen zu sein von der Hoffnung, dass diese letzten Antworten geschenkt werden. So leben wir nachösterlich in der Gewissheit eines Geheimnisses.

Auferstehung ist das größte Geheimnis des Menschen und der Menschheitsgeschichte; nicht bloß Verlängerung irdischen Daseins mit all seinen Nöten und offenen Fragen, sondern Überwindung des Negativen und Bösen. Auferstehung bedeutet Heilung und Heiligung: „Durch seine Wunden sind wir geheilt!" Unsere Verletzungen und Enttäuschungen beginnen durch die Kraft der Auferstehung zu leuchten, wie es Pfarrer Ullrich Auffenberg in einem Gedicht schön zum Ausdruck bringt: „Wunden am Stamm sind Narben geworden, beginnen zu leuchten an ihren Orten!" – dafür steht Auferstehung! Schon im Leben – hier und jetzt.

Die Kraft, aus der Auferstehung zu leben, kommt aus der Macht der Hoffnung, aus der Macht der Zeuginnen und Zeugen dieser Hoffnung. Es ist für uns kleingläubige Menschen so wichtig, uns auf das Zeugnis anderer berufen zu können. Heiligmäßige Menschen, die als „große Seelen" durchs Leben gehen, legen durch die Kraft ihrer Lebensbejahung Zeugnis von der Wirklichkeit der Auferstehung ab. Auferstehung ist dabei keine willkürliche Erfindung. Der heilige Paulus hat eigens darauf hingewiesen, dass es so viele Zeuginnen und Zeugen der Auferstehung gibt; im ersten Korintherbrief lesen wir: „Er ist am dritten Tag auferweckt worden, gemäß der Schrift, erschien dem Kephas, dann den Zwölf. Danach erschien er mehr als fünfhundert Brüdern zugleich; die meisten von ihnen sind noch am Leben, einige sind entschlafen. Danach erschien er dem Jakobus, dann allen Aposteln. Als Letztem von allen erschien er auch mir" (1 Kor 15, 4-8). „Auferstehung" wirkt, ist Wirklichkeit, das will Paulus damit sagen. Es gibt Zeuginnen und Zeugen für die Wirklichkeit und Wirkkraft der Auferstehung.

Auferstehung lebt vom Zeugnis. Ein solches habe ich vor einiger Zeit von einem Priester gehört, der mir von seiner Mutter erzählte, einer sehr frommen Frau. Als sie beim Begräbnis des zweiten Kindes – Mütter wissen, was das bedeutet – am offenen Grab stand, sagten ihr Nachbarsleute: „Jetzt wird dir das Glauben wohl schwerfallen." Da antwortete diese vom Leid gezeichnete Frau: „Ich habe nichts anderes!" An Auferstehung glauben kann umschrieben werden mit diesen Worten: „Wir haben nichts anderes!"

Was bliebe von unserem Leben ohne die Auferstehung? Welchen Trost bietet es, wenn man liest, man werde weiter-

*leben in Werken und in den Herzen der Angehörigen und in
Erinnerungen – aber was lebt da weiter? „Ich" bin es nicht.
Da versteht man Woody Allen, der auf den Hinweis, er werde in seinen Filmen weiterleben, gesagt haben soll: „Aber ich
möchte lieber in meiner Wohnung weiterleben!" Wir haben
alles, wenn wir die Auferstehung leben, und gleichzeitig haben
wir nichts anderes.*

Wir haben nichts anderes! Das waren auch die Befind-
lichkeiten der ersten Auferstehungszeuginnen, die allerers-
ten waren Frauen: Maria von Magdala hatte beim Kreuz
ausgeharrt, durchgehalten, frühmorgens, als es noch dunkel
war, war sie schon unterwegs zum Grab und sah, dass der
Stein weggewälzt war. Schnell lief sie zu Petrus und Johannes, um zu melden, dass man den Herrn weggenommen
habe. Jedes Wort ist hier in die Waagschale zu legen: Denn
in der Heiligen Schrift wird selten vom Laufen geschrieben,
damals hatte man noch Zeit. Die beiden Jünger liefen auch
zum Grab, der eine schneller als der andere. Sie kamen, sahen, glaubten und kehrten wieder nach Hause zurück.

Was tut Maria von Magdala? Sie steht draußen vor dem
Grab und weint. Sie bleibt dort, *trotzdem*. Obwohl nichts
mehr zu sehen ist, obwohl die von ihr geholten Jünger
wieder heimkehren, bleibt sie am Ort der Trauer und Ent-
täuschung, weinend. Man könnte da wieder an Augustinus denken, der über die Trauer um seinen verstorbenen
Freund schreibt, „allein Weinen war mir süß". Und siehe
da: Maria von Magdala ist die erste Person, die vom auferstandenen Herrn mit Namen angesprochen wird: „Maria!"
Die Überraschung ist groß, die Freude noch größer. Jesus
muss gleich eine Distanz schaffen: Rühr mich nicht an! Ich

bin noch nicht dort, wo ich hingehöre. Wahrscheinlich war Maria mit ihren Liebesbezeugungen schnell zur Hand!

In diesem „Trotzdem" liegt ein Schlüssel zur Auferstehungserfahrung. Trotzdem bleiben, ausharren, durchhalten, obwohl andere schon wieder zur Tagesordnung übergegangen sind, vielleicht sich auch abgefunden haben mit dem Status quo: „Das ist halt so, da kann man nichts machen ..."

Dieses „Trotzdem" scheint wie der „heilige Rest", ein kleines Stückchen Paradies, das sich vor allem in der Sehnsucht äußert, es möge doch so sein mit dem Leben. Es ist dies kein trotziges Nicht-zur-Einsicht-kommen-Wollen, vielmehr demütiges Hoffen, Liebe möge stärker sein als der Tod. Davon zeugt Auferstehung!

„Trotzdem" ist ein Wort, das nicht nur schöne und glatte Seiten hat; Eltern kennen die Trotzphasen von Kindern, trotzige Reaktionen sind nicht die besten Wege, sich beliebt zu machen oder Stärke zu zeigen. Und doch kann „Trotzdem" als Tapferkeitswort gelten, so wie Viktor E. Frankl seine Autobiographie, in der er sein Überleben im Konzentrationslager beschrieben hat, nannte: „Trotzdem Ja zum Leben sagen". Ja zum Leben sagen: Das ist Auferstehung, im Kleinen, im Großen, im unermesslich Größten.

BETEN

Eine Nacht in Rom im Jahr 1932: Thomas Merton, damals noch Student und weit weg von der Kirche und seinem späteren Leben als Trappistenmönch, beschreibt in seiner Autobiographie, dass er sich allein in seinem Zimmer befand; auf einmal schien es ihm, als ob sein Vater Owen im Raum wäre, sein Vater, der seit mehr als einem Jahr tot war. Des Vaters Gegenwart war real, als hätte er ihn angerührt oder angesprochen. In dieser Nacht begann Merton nach eigener Aussage das erste Mal in seinem Leben zu beten. Es war ein bestimmender Augenblick, er war überwältigt; er konnte nicht anders, als auf die Knie zu fallen und zu beten. Hier geschah etwas „in der Seele" oder auch „aus tiefer Seele heraus". Tief beeindruckt ist Merton auch, als er in einer Kirche ein Mädchen knien sieht, das mit entwaffnender Einfachheit betete und damit das Beten zu etwas Ernsthaftem, zu etwas Wirklichem für Merton machte. Beten ist das Atmen der Seele, heißt es in der frühen Kirche. Im Beten erkennen wir an, dass etwas Größeres in unserem Leben ist, von dem wir abhängig sind. Wir beten, weil wir unsere Ohnmacht und die Macht des Loslassens erfahren. Ein kniender Mensch beugt sich dem Heiligen, das uns überragt und trägt.

Gebet ist im Innersten durchwoben von einer gewissen Scheu, ein Zurückschrecken vor der eigenen Tiefe wie auch von der Begegnung mit dem Heiligen. Beten stiftet Beziehung – ich bin nicht allein – und zeigt Wege über sich selbst hinaus. Der Psalmist betet: „Wenn nicht der Herr das Haus baut, müht sich jeder umsonst, der daran baut". Gebet ist ein Existential des Menschseins. Dazu ein Zeugnis von Reinhold Schneider, einem Schriftsteller und christlichen Denker, der es sich wahrlich nicht leicht gemacht hat. Gegen Ende seines Lebens schreibt er: „Heute weiß ich, dass nur der Betende wahrhaft geführt wird und nur die im Gebete errungenen Gewissheiten nicht zerbrechen. Aber diese verpflichten unbedingt. Ohne die Verantwortung im Gebet ist es nicht möglich, noch erlaubt, irgendeinen Einsatz zu leisten."

Beten gibt dem Leben eine nicht sichtbare Glaubwürdigkeit. Es ist schwer, den betenden Menschen vom nichtbetenden Menschen zu unterscheiden. Aber es macht einen gewaltigen Unterschied, ob ich betend im Leben stehe oder nicht. Jeder Mensch kann sich von dieser simplen – so simplen! – Wahrheit überzeugen. Bete einen Monat lang jeden Tag am Morgen und jeden Tag am Abend auch nur eine Viertelstunde und du wirst sehen, wie vieles sich verändert. Beten schafft Tiefe, Beten schafft Weite, Beten schafft Ruhe, Beten schafft Leben. Ja, und es gibt Wunder des Gebets.

Ich bin so oft in meinem Leben überzeugt worden, dass unvorstellbare Dinge passieren. Beten ist real, Gott ist wirklich und wirkend. Im Lukasevangelium finden wir ein berühmtes Beispiel für einen Beter, den Priester Zacharias. Dabei wird deutlich, was Gebet vermag und wie ernst es zu nehmen ist. Es wird berichtet, wie ihm der Engel erschien und ihm mitteilte: „Zacharias! Dein Gebet ist erhört worden." Worum hatte er gebetet? Um einen Sohn. Aber als das Gebet nicht zur rechten Zeit erhört worden war, hatte er sich von der Hoffnung auf Erfüllung verabschiedet: „Woran soll ich erkennen, dass das wahr ist? Ich bin ein alter Mann, und meine Frau ist im vorgerückten Alter." Zacharias kannte das Beispiel von Abraham, dem in hohem Alter ein Sohn geschenkt worden war. Dieses Beispiel hat er vermutlich oft verkündet, andere damit ermutigt und ermahnt, an einen Gott zu glauben, der auch Unmögliches schafft. Aber als ihm nun selbst der Glaube durch späte Erfüllung abverlangt wurde, konnte, ja vermutlich wollte er auch nicht unbedingt glauben, sondern Rückfrage halten. Zacharias musste stumm werden. Für einen Priester, dessen erste Aufgabe es ist, zu verkünden, in der Tat eine Strafe. Vielleicht muss manches in uns verstummen: oberflächliche Rede, die nicht ernst nimmt, was man sagt, oder Beten, das nicht wirklich glaubt. Im Stillwerden können wir neu entdecken, was Beten in seiner ganzen Tiefe heißt, nämlich mit Gott ins Gespräch zu treten. Das Schweigen ist die Heimat des Wortes. Als die Stummheit des Zacharias sich löste, hat er diese tiefe Dimension des Gebetes wieder gefunden und konnte Gott preisen: „Durch die barmherzige Liebe unseres Gottes wird uns besuchen das aufstrahlende Licht aus der Höhe."

Zacharias erfuhr den lebendigen Gott, auch durch sein lebendiges Gebetsleben. Es gibt eine tiefe Sehnsucht nach einem Glauben an den lebendigen Gott unter den Menschen; es gibt eine tiefe Sehnsucht nach dem Vertrauen auf die Kraft des Gebets.

Der französische Priester Henri Caffarel, der ein Haus des Gebets gegründet hat, hat immer wieder die Bedeutung des Herzens beim Beten angesprochen. Das Herz ist für Caffarel das, was erwacht, wenn der Sinn für Gott erwacht. Das Herz ist das, was wir brauchen, um einen Sinn für Gott zu haben. Das, was erneuert werden will, damit wir uns von Grund auf von Gott erneuern lassen. Der heilige Augustinus hat sich vor allem in den „Bekenntnissen" viele Gedanken darüber gemacht, was das Herz für Eigenschaften haben kann. Es kann tatsächlich unruhig werden, es kann verzagen, es kann gespalten sein, es kann geknickt sein, es kann trocken sein, es kann weit oder eng sein, es kann verschmutzt sein. Das Herz bei Augustinus hat viele mögliche Eigenschaften, es ist eine Mischung aus Organ, Subjekt und auch Ort, an dem sich Bewegungen und Regungen, ja Dramen abspielen. Es war Dietrich Bonhoeffer, der in Anspielung auf Jeremias 17,9 gesagt hat: „Das Herz, dieses trotzige und verzagte Ding, das sich nicht ergründen lässt." Beten formt dieses Herz mit all seinen vielen Schattierungen, bringt das Tiefste dieses Herzens zum Schwingen.

In der Medizin wird es viele Gründe für Herzrhythmusstörungen geben, für die der jeweilig Betroffene nicht verantwortlich ist. Im Glaubensleben können wir hingegen sehr viel tun. Die Sorge um einen ausgewogenen Rhythmus hängt zu einem Großteil von der eigenen Lebensführung ab. Tabletten, regelmäßig genommen, bauen im Blut einen Spiegel auf. Durch Übung, indem wir täglich beten, wird in uns ein Glaubensspiegel aufgebaut. Gebet ist Atmen der Seele! Was die Lunge für den Körper, ist Gebet für die Seele. Regelmäßigkeit ist das *Um und Auf*! Ich habe 18 Jahre im Kloster gelebt, wo es ein geregeltes Gebetsleben gegeben hat; wenn man sich einübt, stellt sich eine wundersame Wandlung ein: Nicht ich muss still sein, nicht ich mich zum Gebet motivieren, sondern „Es möchte in mir beten!" Mein Inneres wollte beten, selbst dann, wenn ich müde oder gar krank war.

Beten ist mehr als Ruhigwerden, ist mehr als ruhige Musik, das Entzünden einer Kerze, das Stillwerden … All das ist gut und hilfreich, aber Beten ist das Aufschwingen der Seele zu Gott. Das ist Geschenk, das ist Gnade, das ist nicht planbar und erzwingbar – und dennoch ist Beten auch eine Kunst, die Rhythmus und Disziplin braucht, die eingeübt werden will, die strukturiert werden kann. Es ist gut, im Beten ruhig zu werden, regelmäßige Gebetszeiten zu haben, Zeiten, in denen nichts „geschehen" muss, die frei sind für das Freiwerden für Gott.

Beten musste ich immer wieder neu lernen: Als junger, zum Glauben gekommener Soldat habe ich damit begonnen, täglich den Rosenkranz zu beten; es hat mich nicht losgelassen; ich war Wasserwagenfahrer und habe während der Fahrten gebetet; „Lacki, der Fromme" haben sie mich dann genannt. Als Seminarist, dann als Franziskaner, Priester und Bischof, immer wieder mühte ich mich um Rhythmus und Regelmäßigkeit des Betens. Die zwanzigminütige Abendstille bei den Franziskanern hat mir viel bedeutet. Nach 18 Jahren Kloster wurde mein lieb gewonnener Gebetsrhythmus durchbrochen. Klösterliches Leben mit seiner Ordnung schenkt Maß im Gleichgewicht zwischen Betrachten und Tun, Beten und Handeln. Geistliches Leben ist geprägt von einem ständigen Ringen um die rechte Einstellung. Beten heißt sich einstimmen, Gnade kann nicht erzwungen werden. Es braucht ein seelisch-körperliches Gleichgewicht. Als Bischof hatte ich keine selbstverständliche Gebetsgemeinschaft mehr, ich bin allein verantwortlich für mein Gebetsleben, in dem ich dankend und bittend vor Gott meine Berufung und Aufgabe betrachte und für mir anvertraute Menschen bete. Heute herrscht im religiösen Leben vielfach ein Aktionismus vor. Tun und Leisten stehen im Vordergrund, vertrauensvolles Zulassen und empfangendes Geformtwerden treten in den Hintergrund. Der hl. Franziskus beendet Gebetszeiten oft mit den Worten „Es geschehe, es geschehe!" Beten verpflichtet.

Diese Verantwortung, die mit dem Beten kommt, möchte eingeübt sein. Beten will gelernt sein; aber eben nicht als ein Lernen, wie man etwas tut; sondern als ein Lernen, wie man etwas geschehen lässt. „Christus aber muss wachsen", ist das Leitwort dieses Buches. Christus muss wachsen und ich muss mich zurücknehmen. Beten ist weniger ein Voll-Sein von Wünschen und Bitten als ein Leerwerden für Gottes Wort und Wirken. Beten hat mehr mit Schweigen als mit wortreichem Reden zu tun. Beten ist im besten Sinn: nichts tun. Und dieses „Nichtstun" kann das „alles" schenken. Es macht so viel aus, ob ein Mensch betet. Der amerikanische Bischof Joseph Bernardin war ein Aufsteiger in der Kirche, ein „Macher", ein Mächtiger – und dann wurde er einmal von jungen Priestern gefragt: Betest du eigentlich? Diese Frage ging ihm durch Mark und Bein. Und er beschloss, die erste Stunde des Tages Gott zu widmen. Die erste Stunde – so viel Zeit ist immer! Ich kenne einen Priester, der um fünf Uhr morgens aufsteht, um, wie er sagt, „Zeit vor Gott zu verschwenden". Er sagt auch:

„Ich berühre jetzt das Zentrum des Universums." Er weiß sich vor Gott und in Gottes Gegenwart. Das ist Beten. Die Sehnsucht nach Gott ist Beten. Die Sehnsucht nach Beten ist Beten. Beten ist Innehalten in der Gegenwart Gottes. Beten reinigt. Beten ist Teil eines geistlichen Dreigestirns: Hinwendung zu Gott (Beten), Arbeit an sich selbst (Fasten) und Zuwendung zu anderen (Teilen).

In der Heiligen Schrift wird Fasten zumeist gemeinsam mit Gebet und Almosengeben genannt. Gebet reinigt die Motivation. Helfen darf nicht gönnerhaft, gleichsam von oben herab geschehen. Für gläubige Menschen ist nicht nur die Gabe an sich wichtig, sondern vor allem auch die innere Einstellung. Beten ist Gnade, Gebet erwirkt auch Gnade. Trauernden Menschen möchte ich zunächst weniger ein Wort als mein betroffenes, betendes Schweigen anbieten. Nicht selten ist uns die Antwort auf das „Warum" verborgen, der Betende teilt behutsam Hoffnung: Gott heilt Wunden, kann Klage in Tanzen verwandeln, wie es im Buch der Psalmen heißt. Auf kargem Boden kann er Gutes wachsen lassen. Säen und Ernten, beides ist Frucht des Betens.

Henri Caffarel hat sich, wie erwähnt, als „Bergführer des Gebets" bewährt und Menschen zum Beten geführt. Das ist wie eine Bergwanderung; Schritt für Schritt, innehalten, einen Rhythmus erarbeiten, den Weg genießen. Davor heißt es den Rucksack packen, die Route auswählen. Beten will vorbereitet sein; Beten braucht das Mittun des ganzen Menschen, da ist dann auch das rechte Sitzen oder Knien oder Stehen oder Gehen wichtig. Beten berührt das Innerste des Menschen. Die Frage „Wie betest du?" ist eine intime Frage, reicht tief in das geschützte „forum internum" hinein. Dort kann Raum ge-

schaffen werden für Gott, dessen Gegenwart in uns zunimmt; die Sorgen und Nöte des Alltags nehmen demgegenüber ab.

Ich bete gerne; ich sage es ehrlich, ich würde gerne mehr beten. Sehr oft bete ich auf Reisen, wenn ich unterwegs bin, im Auto, im Flugzeug oder Zug. Viel Zeit für das Beten war mir auf dem Pilgerweg nach Santiago de Compostela gegeben. Ich kenne sie, die Sehnsucht nach dem Beten. Kirche soll eine Kirche der Sehnsucht sein. Sie braucht Menschen, die beten, Gott atmen, wenn er nahe ist, nach ihm dürsten, wenn er ferne scheint.

FRAGEN

Schon als Kind bedrängten mich Fragen. Ich war lästig: Wie ist denn das eigentlich? Wieso kann ich die Bewegung des Uhrzeigers nicht sehen? Was geschieht, wenn ich Fleisch esse? Werde ich, was ich esse? Beim Kirchgang war Zeit, diese Fragen loszuwerden. Und doch gab es Fragen, mit denen ich alleine geblieben bin, ich wollte niemandem auf die Nerven gehen. Später war das der Grund meiner Liebe zum Studium. Fichte sagte einmal: Wir haben aus Übermut zu philosophieren begonnen. Dann haben wir unsere Nacktheit erkannt, seither studieren wir aus Not. Bei mir stand die Not am Anfang, die Not des Nichtwissens.

Fragen ist die Frömmigkeit des Denkens, so lautet ein berühmtes Wort von Martin Heidegger. Ein frommer Mensch will nahe sein beim Heiligen; ein denkender Mensch will nahe sein beim Wissen. Menschen, die keine Fragen mehr haben, sind unheimlich, weil sie im Grunde aufgehört haben zu denken. Das gibt es tatsächlich: Menschen, die meinen, sich so in den Besitz von Wahrheiten und Wahrheit gesetzt zu haben, dass sie aufhören können zu fragen. Diese Versuchung ist für Menschen, die sich schwer tun, mit Ungewissheit und Offenheit zu leben, besonders groß. Und diese Menschen gibt es auch in der Kirche. Wir Christinnen und Christen müssen lernen, mit der Größe und schöpferischen Kraft Gottes zu leben, mit einer Kraft, die immer wieder überrascht und durchbricht und wandelt. Wahrheit ist für den christlichen Menschen nicht etwas, das wir besitzen, sondern jemand, der uns besitzt. Und diese Begegnung mit Wahrheit, die Beziehung zur Wahrheit wirft immer wieder Fragen auf.

Das Buch Ijob im Alten Testament kann so gelesen werden, dass Ijob, der mit Gott ringt und Gott mit seinen Fragen („Warum?", „Warum ich?") bestürmt, wohlgefällig ist in den Augen Gottes; von seinen Freunden aber, die keine Fragen mehr haben, heißt es, dass Gottes Zorn gegen sie entbrannte (Ijob 42,7). Es liegt eine besondere Gnade in der inneren Offenheit, sich ganz auf Gott einzulassen, ihm ganz und gar zu vertrauen. Gottvertrauen und Fragen schließen einander nicht aus! Fragen ist das Zeichen eines lebendigen Geistes.

Junge Menschen liegen mir sehr am Herzen. Ich erinnere mich an eine Kindersegnung. Anstelle der Predigt durften sie Fragen stellen. Kinder lieben das, sie haben tolle Fragen. Eine lautete: „Wie groß ist Gott?" Ich fragte zurück: „Wie groß wird Gott sein? Denken wir gemeinsam nach!" Ein Kind meinte: „Größer als das größte Haus!" Eine wunderbare Antwort, die nicht weit entfernt ist vom berühmten Gottesbeweis des heiligen Anselm aus dem Mittelalter: Gott ist das, worüber Größeres nicht gedacht werden kann.

Kinder haben oftmals die Gabe, das zu sagen, was wahr ist, sich aber „nicht gehört". Im Märchen „Des Kaisers neue Kleider" ist es ein Mädchen, das ausruft: „Der Kaiser ist nackt!" Kinder können tiefe Fragen stellen, weil sie keine Scheu haben vor dem Unangenehmen, vor dem sozial noch nicht Geglätteten.

Kinder verstehen es auch, Antworten aus uns herauszulocken, auf die wir so ohne weiteres selber nicht kommen. So fragte einmal ein Kind, was für mich Glück sei. Ich war überrascht. Kinderfragen leben einen hohen Grad an Ursprünglichkeit, das weckt in uns Erwachsenen gleichfalls den Geist der Echtheit. So entfloh mir eine Antwort, welche mich selbst in Erstaunen versetzte: Glück ist für mich, gesendet zu sein.

Eine gute Frage schafft ein gutes Klima, in dem eine gute Antwort gedeihen kann. Eine gute Frage ist eine Kunst; sie schafft die Gelegenheit, etwas Wichtiges zu sagen. Sie schafft Raum für die Wahrheit und für die Suche nach Wahrheit. Gelegenheiten, wie sie eine Frage schafft, erzeugen Wirklichkeiten, Fragen bringen Antworten hervor.

Ich denke da an die Aufforderung von Rainer Maria Rilke an einen jungen Dichter: „Lebe die Frage!" Die Fragwürdigkeit einer Frage ist mir ein großes Anliegen. Ich darf etwas ausholen. Wir Priester genießen doch viele Freiheiten, es stimmt, wir haben auch Lasten zu tragen, dennoch sind wir von so mancher Sorge befreit, die andere bedrängt. Dieser Freiraum müsste der Gottesfrage gehören. Unsere Aufgabe: die Frage nach Gott offenhalten, uns nicht vorschnell mit Antworten zufrieden geben. Offene Fragen führen, wie Rilke es dem jungen Dichter verspricht, allmählich, unmerklich in Antworten hinein.

Es ist Zeichen von Reife, mit Fragwürdigkeit zu leben und Inhalte auch dadurch zu würdigen, dass sie in Frage gestellt werden. So gesehen kann Zweifel auch ein Geschenk sein, eine

Gnadengabe. Denn ein Mensch, der in guter Weise Dinge in Frage stellt, ist nicht leicht gefährdet, in der Falle der Selbstgefälligkeit zu landen. Die Selbstgefälligkeit eines Menschen, der meint, im Besitz aller Wahrheiten zu sein, ist ein großes Hindernis auf dem Weg zu geistlichem Wachstum. Gutes Fragen ist auch eine Frage der Umstände; gutes Fragen braucht einen Rahmen, Ruhe. Wir sollten dann und wann einfach aus dem Fenster schauen oder beim Spazierengehen mit einer Frage ringen. Peter Bieri, ein Philosoph aus der Schweiz, hat gemeint, dass es hilfreich sei, sich immer wieder zwei Fragen zu stellen, wenn etwas behauptet wird, nämlich: Woher wissen wir das? Was heißt das genau? Diese Fragen wollen in Ruhe bedacht werden.

Die Frage braucht einen Kairos, den rechten Augenblick. Dieser eröffnete sich im Rahmen meines UNO-Einsatzes auf Zypern. Zum ersten Mal in meinem Leben war ich für sechs Monate weit weg von zu Hause im Ausland. Die Zypernkrise lag zwar einige Jahre zurück, doch es herrschte zwischen den feindlichen Parteien kein Friede, sondern nur ein Waffenstillstand. Die Aufgabe der UNO-Soldaten bestand darin, diesen zu überwachen. Zwischen den beiden Kriegsparteien war ein militärfreier Bereich, die sogenannte Pufferzone eingerichtet worden, darin befand sich mein Wachposten. Wir waren eine Crew von fünf Soldaten, lebten auf engstem Raum zusammen, was nicht immer ganz einfach war. Bei nächtlichen Wachgängen im Dreistundenrhythmus war man allein – da hatte ich auf einmal Zeit, Zeit zum Nachdenken. Über mir der wunderschön gestirnte Himmel, von dem der Philosoph Immanuel Kant behauptete, er lasse an Gott denken. Fragen tauchten aus meinem Inneren auf, Fragen, wie sie die Menschheit seit Anbeginn kennt: Woher komme ich? Wohin gehe ich? Was ist der Sinn des Lebens?

Das sind allgemeine Fragen; aber sie sind zugleich ganz persönlich, weil sie den Kern des Lebens treffen, wenn sie persönlich gestellt werden. Jeder Mensch kann diese Frage stellen: „Wohin gehe ich? Was ist mein Weg?" – aber jeder Mensch stellt diese Frage in einer eigenen Weise, jeder Mensch muss seine eigene, persönliche Antwort auf diese Fragen finden. Es ist verlockend und verwirrend zugleich, das Leben als weiße Landkarte vor sich zu haben, wenn man vor großen Entscheidungen steht. Hier ist eine Frage wie eine Einladung, stehen zu bleiben. Im Lukasevangelium finden wir den auferstandenen Jesus mit zwei Jüngern auf dem Weg nach Emmaus; Jesus bringt sie mit einer Frage dazu, stehen zu bleiben. Es heißt: „Er fragte sie: Was sind das für Dinge, über die ihr auf eurem Weg miteinander redet? Da blieben sie traurig stehen." (Lk 24,17). Fragen macht langsam.

Von meiner Natur her bin ich eher ein zögerlicher Mensch; muss ständig nachdenken und nachfragen. Das macht mich umständlich. Mir fällt dabei ein sonderbarer Vergleich ein. Ich habe oft bei Hunden beobachtet, dass sie sich nicht sofort hinlegen, sie umkreisen den Platz, bevor sie sich niederlassen. So geschieht auch mein Fragen, es ist ein Umkreisen, ein Abwägen, ein Hin- und Herdenken. Das ist auch das Wesen der Philosophie. Die transzendentale Methode, die nicht sofort ins Zentrum vorstößt, sondern die Rundherumvoraussetzungen bedenkt. Aus Führungspositionen erwarten Menschen klare und präzise Antworten. Ein Rundherumkreisen ist dabei nicht sehr dienlich.

Ich halte im philosophisch-theologischen Denken den Umweg für den besseren Weg. Er entspricht eher dem unausschöpflichen Personengeheimnis. Dazu lädt uns auch Papst Franziskus ein: Schaut auf den besonderen Fall und werdet ihm in seiner Eigenart gerecht!

Damit wird die Kirche auch zu einer fragenden – sie fragt die Menschen: Wie geht's? Sie fragt den einzelnen Menschen: Was ist deine Geschichte? Papst Franziskus hat die Kirche mit einem Feldlazarett verglichen; da ist die Kirche dann gefragt, Fragen zu stellen: Wo tut es weh? Wo sind deine Wunden? Hier zeigt sich eine leise und sanfte Verschiebung von einer vor allem antwortenden Kirche zu einer auch fragenden Kirche. Eine fragende Kirche hört zu. Und dieses Zuhören ist dann der Beginn einer „Herbergsuche", um den rechten Platz für einen Menschen in seiner Not, den rechten Platz für eine Frage zu finden. Und dieser Platz mag gerade an unerwarteten Orten zu finden sein.

Gott ist in Bethlehem Mensch geworden, nicht in Jerusalem, nicht in der heiligen Stadt. Denn eine innige Berührung von Erde und Himmel, wie sie im Stall von Bethlehem geschehen ist, wäre in Jerusalem nicht möglich gewesen. Sonderbar! „Er kam in sein Eigentum, aber die Seinen nahmen ihn nicht auf", heißt es im Prolog des Johannesevangeliums (Joh 1,11). Diese Urtrennung setzt sich bis in unsere Zeit fort. Wir haben eine lange und reichhaltige Glaubensgeschichte; wissen sehr viel über Gott, so viel, dass wir aus jeweils guten Gründen sehr verschiedener Meinung sein können. Manchmal macht es wohl den Eindruck, genau dieser übervolle Erfahrungsschatz wird zum Hindernis für eine innige Berührung mit Gott. Die Geschichte müsste es uns lehren: Gott gebührt die Mitte, das Zentrum. Aber gerade dort ist für ihn kein Platz. Gottes Wohnstatt: Ist sie nicht wiederum bestenfalls ein Ausweichquartier, nur ein Stall? Diese Frage müsste in unseren Herzen brennen.

Die Frage ist Ausdruck einer Suche; eine Antwort wiederum ist wie eine Herberge für eine Frage; der Stall in Betlehem ist wie eine Einladung, auch mit vorläufigen Antworten, nicht mit der Gewissheit eines fest gemauerten Gebäudes, leben zu können, im Vertrauen auf den immer größeren Gott, dem wir uns jenseits aller Fragen anvertrauen dürfen.

FRANZ VON ASSISI

Heilige werden nicht als solche geboren, am Anfang ihres Weges steht eine Berührung mit Gott. Aus dieser Betroffenheit blicken sie in die Welt und erspüren auf tief existentielle Weise die Bedrängnisse und die Not der Menschen. Der heilige Franziskus war auch vor seiner Bekehrung ein guter Mensch, Armen hat er geholfen, doch es war ihm widerlich, Aussätzigen zu begegnen. In seinem Testament, einem Dokument der letzten Stunde von besonderer Klarheit und Durchsichtigkeit auf Gott hin, schreibt er: „Der *Herr* hat mich unter die Armen geführt." Franziskus schaut mit dem Blick Jesu auf die Armen. Das ist Quelle und Ursprungsdynamik der franziskanischen Bewegung.

Auf die Armen schauen und den Schrei der Armen hören, den Blick aushalten und nicht ausweichen, das Schreien nicht zum Verstummen bringen – das sind geistliche Einladungen. Was ändert sich, wenn wir nicht „über Menschen" reden, sondern den Menschen in die Augen schauen? Der englische Philosoph Cohen hat diese Idee gehabt: Traust du dich das, was du eben über jemanden gesagt hast, auch zu diesem Menschen zu sagen, ins Gesicht, von Angesicht zu Angesicht? Franz von Assisi hat diesen Mut gehabt.

Gott sendet Franziskus zu den Armen. Er ist gesandt und er liebt sie. Es ist nicht Solidarität allein, die ihn zu den Armen gehen lässt. Der letzte Beweggrund, warum er den Weg hinunter ins Leprosental antritt, ist der Herr. Der Herr hat ihn geschickt. Franziskus berichtet, wie sehr es ihm unangenehm und widerlich war, Aussätzigen zu begegnen. Sie waren Ausgestoßene, die man schon als gestorben betrachtete. Es wird berichtet, man habe in der Stadt oben schon die Totenglocke geläutet, wenn bei jemandem Aussatz diagnostiziert wurde und er den Gang hinunter in den sumpfigen Wald antreten musste. Franziskus geht dorthin, weil der Herr es ihm aufgetragen hat, und erweist diesen armseligen Kreaturen Barmherzigkeit. Da stellt sich eine wunderbare Wandlung ein: Das zuvor Bittere wird ihm in Süßigkeit verwandelt.

Wir sehen die verwandelnde Kraft Gottes; sie ist Grundlage dessen, was wir eine „eucharistische Gesinnung" nennen können, ein Vertrauen auf Wandlung und Verwandlung durch Gott. Denn die Eucharistie, die Brot und Wein in Leib und Blut Christi verwandelt, beruht auf diesem Vertrauen. Immer wieder kommt es vor, dass Erfahrungen uns wandeln oder auch, dass das Erfahrene ganz anders ist als das Vorgestellte. Wir haben Angst vor dem ersten Tag am neuen Arbeitsplatz, und dann wird es eine süße und nicht eine bittere Erfahrung; wir haben Angst vor Flüchtlingen, dann lernen wir eine Flüchtlingsfamilie kennen, und die Angst schwindet. Nicht von ungefähr hat die Caritas dazu aufgerufen, einen Menschen, der zu uns gekommen ist, mit seiner besonderen Geschichte kennenzulernen. Das verändert den Blick auf diesen Menschen, das verändert den Blick auf das Thema „Flücht-

linge" im Allgemeinen, das verändert auch das Glaubensleben und den Blick auf Christus.

Für Franziskus war Religion kein Programm. Er wollte keinen Orden gründen, wer weiß, was er zu den Franziskanern heute sagen würde!

Franz von Assisi wehrte sich dagegen, einen Orden mit Regeln und Zuständigkeiten, Gebäuden und Besitztümern zu gründen. Er wollte Jesus in Armut nachfolgen. Die Kirche bestand freilich auf einem „richtigen" Orden. Nun kann man das bedauern, man kann aber auch fragen: Was ist denn die Alternative? Der amerikanische Theologe Stewart Hiltner hat die Entwicklung von religiösen Bewegungen anschaulich beschrieben: Am Anfang steht eine Person, und diese Person hat eine Botschaft: Person und Botschaft ziehen Jüngerinnen und Jünger (oder Nachfolger oder Mitstreiterinnen) an; sobald eine Gruppe von Menschen zusammenkommt, bedarf es einer wenigstens informellen Lebensregel. So weit, so gut: Person – Botschaft – Jünger/innen – Lebensregel. Diese Dynamik steht am Anfang von vielen religiösen Gemeinschaften und Bewegungen. Dann stirbt die Gründerin oder der Gründer. Dann sterben die ersten Jüngerinnen und Jünger; ja, und dann, will man den Grundgedanken und die Gründungsidee bewahren, muss man die Idee in eine „Lehre" und die informelle Lebensregel in eine „Verwaltung" verwandeln. Das ist ein mitunter schmerzhafter Prozess, der die Anfänge verdecken und verleugnen kann. Der Ausweg ist auch der Weg, den Franz von Assisi gesucht hat: zurück zu den Wurzeln! Zurück zu Jesus und seiner Bewegung!

Franz von Assisi ist dem Weg Jesu gefolgt; besonders lieb war ihm die Armut. Armut und Kirche ist ein heikles Thema.

*Umberto Eco hat in seinem großartigen Roman „Der Name
der Rose" den sogenannten Armutsstreit im Mittelalter angesprochen. Dabei ging es um die Fragen, ob Jesus selbst Eigentum besessen habe und ob man Jesus wahrhaftig nachfolgen
könne, wenn man selbst Besitztümer sein Eigen nennt. Bei
den Franziskanern gab es radikale Vertreter, die ganz ohne
Eigentum leben wollten; so hat es sich auch Franziskus vorgestellt: ein Leben in Dankbarkeit und aus dem Vertrauen in
die göttliche Vorsehung heraus, gemäß dem mächtigen Wort:
Suchet zuerst Gottes Reich!*

Franziskus war ein zutiefst dankbarer Mann. Eindrück-
lich bezeugt er diese Grundgesinnung in seinem Testament;
dem geistlichen Vermächtnis an seine Brüder. Es gehört zu
den am wenigsten überarbeiteten Schriften. Gleichsam ein
letztes Bekenntnis, eine ultimative Verfügung. Franziskus
war am Ende seines Lebens geläutert durch viel Leid, er ist
wie klares Wasser geworden. Das zeigt sich im Bekenntnis,
das er ständig wiederholt: „Der Herr hat gegeben!" Der
Herr hat mir gegeben, das Leben der Buße zu beginnen.
Der Herr hat mir Brüder gegeben. Der Herr hat mir einen
so tiefen Glauben gegeben. Der Herr hat mir einen so großen Glauben zu den Priestern gegeben. Der Herr hat mich
unter die Armen geführt. Diese Worte bewegen das Herz.
Der heilige Franziskus war ein Empfangender, ein vom
Herrn Beschenkter. Was den Orden in seinem Anfang so
interessant gemacht hat, waren nicht die großen Werke, die
vollbracht worden sind, sondern das evangelische Lebens-
programm, sich von Gott beschenken zu lassen.

*Franziskanische Spiritualität ist eine Spiritualität der
Dankbarkeit; ein dankbarer Mensch lebt aus der Fröhlichkeit*

dessen, der sich beschenkt weiß, der sein Leben nicht von An-
sprüchen her definiert, der aus Gottes Hand nimmt wie die
in der Bergpredigt erwähnten Lilien des Feldes und Vögel des
Himmels. Es ist Ausdruck von geistlicher Tiefe, den Satz zu
leben: Vergiss nicht, was der Herr dir Gutes getan hat! (Psalm
103,2). Die Natur schenkt ihre Früchte, die für alle Menschen
gedacht sind. Und dabei spricht die Natur die Sprache des
Schöpfers – oder auch: der Schöpfer spricht durch die Schöp-
fung zu uns.

Franziskus liebte Gott und Gottes Schöpfung. Natur war
für ihn Gabe, gegeben und getragen von einem liebenden
Gott, einem Schöpfer, der sich aber nicht in der Natur erschöpft. Gott steht der natürlichen Wirklichkeit immer
noch souverän gegenüber und über ihr.

Die Natur zu erfahren ist ein Gottesgeschenk; die Seele
braucht Schönheit, um blühen zu können; besonders auch
die Schönheit der Natur. Das Königreich Bhutan im Hima-
laja hat aus guten Gründen den Schutz der Natur als ein Gut
verankert, welches das Glück der Menschen, das „Bruttona-
tionalglück“, fördert. Freilich, mit den Augen des gläubigen
Menschen ist „Natur“ mehr als das, sie ist „Schöpfung“ und
das Glück, das sie schenkt, ein Gnadengeschenk. So hat Fran-
ziskus sein Leben erfahren, durchformt von Gnade und im
Vertrauen auf die gnadenreiche Führung durch Gott.

Das Testament des heiligen Franziskus bezeugt eine Gottesbegegnung, die nicht innerweltlich, zeitgeschichtlich
oder sonst irgendwie erklärt werden kann. Der demütige
und – wie er sich selbst bezeichnete – niedrigste aller Diener blickt nun selbstbewusst auf seinen Weg der Nachfolge.
So lässt er schreiben: „Und nachdem mir der Herr Brüder

gegeben hatte, zeigte mir niemand, was ich zu tun hätte, sondern der Höchste selbst hat mir offenbart, dass ich nach der Form des heiligen Evangeliums leben sollte." Gott selbst führt Franziskus. Gott selbst setzt die Prioritäten.

Und diese Prioritäten Gottes, wie wir sie im Leben des Franziskus entfaltet sehen, sind nicht die mächtigen und prächtigen Bauten, weder im Äußeren, noch in seinem Herzen. In einer inneren Kammer ist er Gott begegnet, nicht in einem aufgeblähten Herzen.

Franziskus schreibt in seinem Testament: „Der Herr hat mir in den Kirchen einen so tiefen Glauben gegeben, dass ich in Einfalt beten konnte: Wir beten dich an, Herr Jesus Christus, und preisen dich, denn durch dein heiliges Kreuz hast du die ganze Welt erlöst." Dabei hat er nicht an Hochämter oder prachtvolle Prozessionen gedacht, sondern an kleine, versteckte Kirchen, wie das halb zerfallene Kirchlein von San Damiano. Er spürte dort: Das sind bewohnte Orte.

Eine kleine Kapelle, die gezeichnet ist von vielen Gebeten, von flehenden Bitten, von aufrichtigem Dank, ist „bewohnt" vom Geist des Gebets. Und Gebet war für Franziskus so real wie eine Begegnung.

Franziskus lebte den Glauben aus direkter Berührung und Schau.

Das ist tröstlich und ermutigend für uns alle – wenn jemand wie Franziskus (kein weltfremder Spinner, sondern ein Mensch, der die Welt kannte und die Wirklichkeit ernst nahm!) in inniger Gottnähe lebte, dann kann uns das mit neuer Zuversicht in die Macht und Zartheit, ja Zärtlichkeit des Glaubens erfüllen.

FREIHEIT

Gott ist frei. Die Freiheit Gottes zeigt sich vor allem auch im unerwarteten und unzähmbaren Wirken des Heiligen Geistes. Es ist eine Freiheit, die uns Frieden schenkt. Im Johannesevangelium (14,26) findet sich die Zusage Jesu, dass der Heilige Geist uns an all das erinnern wird, was er, Jesus, uns gelehrt hat. Der Friede, den Jesus uns zuspricht, ist ein Friede, der mit dem Beistand, dem Heiligen Geist, verbunden ist. Das ist ein schöner Gedanke, weil der Heilige Geist nicht unbedingt mit Ruhe, Stille und Stabilität in Verbindung gebracht wird, sondern mit Feuer, Unruhe und Bewegung. Der Friede, den Jesus uns nahelegt, ist nicht ein Friede der „Windstille", sondern ein Friede des Sturms. Kein Friede der Trägheit, sondern ein Friede des kraftvollen Ausströmens aus einer nie versiegenden Quelle. Papst Franziskus hat immer wieder in seinem Rundschreiben „Evangelii Gaudium" von der göttlichen Kreativität gesprochen. Diese göttliche Kreativität überrascht uns Menschen, sodass wir aufgefordert sind, Strukturen zu bauen, die der göttlichen Kreativität Raum geben. Diese Bewegung, der Wind, die Kreativität ist ein Zeichen jenes Friedens, den Jesus uns schenken möchte. Es ist nicht der Friede von Menschen, die nichts mehr vom Leben erwarten und eigentlich nur mehr vor sich hin dämmern.

Gott will freie Menschen und hat uns deswegen die Freiheit geschenkt. Und Gott will deswegen eine Kirche, die diese Freiheit vertieft und erweitert. Sie zeigt sich in einer Freiheit des Suchens, des Fragens und Pilgerns. Und dieses Suchen findet in einer Gemeinschaft und in einer bestimmten Ordnung statt, bleibt aber persönliche Suche.

Gläubig sein bedeutet, stets auf dem Weg zu sein. Und wer unterwegs ist, braucht Orientierung und ein Ziel. Da drängt sich das Bild vom Leuchtturm und vom Hafen auf. Das Ziel ist nicht der Leuchtturm, sondern der Hafen. Er steht für das Ankommen bei Gott. Diesen Hafen flankieren zwei Leuchttürme. Der eine, das persönliche Gewissen, und der andere, die Lehre der Kirche. Auf beide gilt es hinzuhören, um auf dem Weg zum Ziel zu bleiben. Die Gefahr liegt darin, einen der beiden Leuchttürme absolut zu setzen: Das geschieht, wenn eine Person, eine Pfarre oder eine Gemeinschaft sich zur Allgemeingültigkeit erhebt, aufhört, über sich hinaus zu hören, sich selbst als letzte endgültige Norm sieht. In gleicher Weise liegt eine Gefahr darin, das Allgemeine als allein hinreichende Bestimmung des Einzelnen zu setzen. Beide Positionen werden heute bezogen, erweisen sich aber als ungenügend in Anbetracht der Einzigartigkeit und Würde der Person wie auch ungenügend für eine Offenbarung mit Allgemeingültigkeit.

Aus diesem Grund ist es so wichtig, in aller Freiheit zu hören. „Freiheit" und „Hören" gehören zusammen. Der Mensch ist „Hörer des Wortes". Im Kriegsjahr 1941 ist das gleichnamige Buch von Karl Rahner veröffentlicht worden. Thema dieses Buches ist die Frage, auf welche Voraussetzungen der Mensch als möglicher Hörer der sich frei ereignenden Offenbarung Gottes in der Geschichte angewiesen ist. Karl Rahner beschreibt den Menschen als Wesen, das darauf angelegt ist, Gott zu hören. Der Schöpfungsbericht im Buch Genesis verdeutlicht dieses Moment, indem der Mensch von Anfang an die Stimme Gottes hört (vgl. Gen 2,16).

In seinem Apostolischen Schreiben „Porta fidei", mit dem Papst Benedikt XVI. ein „Jahr des Glaubens" ausgerufen hat, weist er auf den Zusammenhang von „Glauben" und „Hören" hin. Papst Benedikt beruft sich dabei auf das Gespräch am Jakobsbrunnen: „Auch der Mensch von heute kann wieder das Bedürfnis verspüren, wie die Samariterin zum Brunnen zu gehen, um Jesus zu hören, der dazu einlädt, an ihn zu glauben und aus der Quelle zu schöpfen, aus der lebendiges Wasser hervorsprudelt (vgl. Joh 4,14)." Das Gespräch am Jakobsbrunnen zeigt eine Frau, die Jesus aufmerksam zuhört. Sie kommt zum Glauben. Tatsächlich: Der Glaube gründet in der Botschaft (Römer 10,17), „der Glaube kommt vom Hören". Diesen Hinweis hat Papst Benedikt in der Generalaudienz vom 10. Dezember 2008, die dem heiligen Paulus gewidmet war, vertieft: „Der Glaube ist kein Produkt unseres Denkens, unserer Reflexion, er ist etwas Neues, das wir nicht erfinden, sondern nur als Geschenk, als eine von Gott hervorgebrachte Neuheit empfangen können. Und der Glaube kommt nicht vom Lesen, sondern vom Hören. Er ist nicht nur etwas Innerliches, sondern eine Beziehung zu jemandem. Er setzt eine Begegnung mit der Verkündigung voraus, er setzt die Existenz des anderen voraus, der verkündet und Gemeinschaft schafft."

Wir haben die Freiheit, zuzuhören oder wegzuhören; aber wir haben nicht die Freiheit, alles zu hören, was wir hören wollen. Denn Gott sagt nicht Beliebiges. Der Glaube entsteht in einer Begegnung; er entsteht in einer lebendigen Begegnung, die unsere Aufmerksamkeit fesselt und lenkt. Dies ist der Frau am Jakobsbrunnen widerfahren, dieses Erlebnis hatten die beiden Jünger im Emmausevangelium, das ist die Erfahrung des Mose bei seiner Berufung in Exodus 3. Hier findet tiefe Begegnung statt. Gott überrascht den Vieh hütenden Mose und erregt seine Aufmerksamkeit; er ruft Mose beim Namen und gibt ihm zu verstehen, dass er weiß, mit wem er es zu tun hat und dass es ihm um eben diese Person geht; er schafft zwischen sich und Mose Distanz („Komm nicht näher heran!", „Leg deine Schuhe ab!") und verleiht der Situation damit Gewicht und Bedeutung, dadurch wird ein Rahmen von Ernsthaftigkeit hergestellt; Gott erzählt Mose dann von der Geschichte und der Situation des Volkes und gibt damit sein Wissen, Mitfühlen und Mitgehen kund („Ich habe das Elend meines Volkes gesehen"). Gott formuliert klare Erwartungen an Mose („Und jetzt geh! Ich sende dich zum Pharao. Führe mein Volk aus Ägypten heraus") und hält mit einer gewissen Hartnäckigkeit an dieser Erwartung fest. Und – ein entscheidender Punkt! – Gott offenbart etwas von sich selbst: Wir finden in Ex 3,14 die Offenbarung des Gottesnamens – „Jahwe", „Ich bin, der ich bin", „Ich bin, der ich bin da". So findet sich Mose in einer Situation, die ihn zum „Hörer des Wortes" werden lässt.

Durch das Hören erfährt Mose den Namen Gottes, mehr noch – weil Gott zu ihm spricht, erfährt Mose etwas über das Wesen Gottes im Hören. Es ist nicht nur entscheidend, „was" er hört; sondern auch: „dass" er hört! Mose hört Gott genau zu; seine Aufmerksamkeit ist gefesselt; er weiß, dass nun etwas Entscheidendes geschieht; er hört zu, weil er sich der Nähe Gottes nicht entziehen kann.

Hören ist etwas Persönliches, wie die Wahrnehmung insgesamt. Wenn wir etwas hören, so hören wir stets „etwas als etwas"; es handelt sich um „verstehendes Hören", das Gehörtes einordnet. Wir können deuten, was wir hören. Wir tun das in einer einzigartigen Weise, weil wir alle über einzigartige Geschichten und Erfahrungshintergründe verfügen. Der Mensch als Hörer des Wortes ist stets auch ein Deuter des Wortes. Und ein Deuter des Wortes wird zum Diener des Wortes, wie wir es in einer ganz besonderen Weise bei der Mutter des Herrn erkennen, die dem Engel zuhört und später „alles, was geschehen war, in ihrem Herzen" bewahrt (Lk 2,51).

Jedem einzelnen muss zugestanden werden, ein Lehrer seiner selbst zu sein. Er braucht jedoch einen zweiten. Der Mensch ist keine Insel, allein auf sich gestellt. Er braucht das du, er braucht das wir. Einzigkeit in der Person und Allgemeinheit in der Lehre sollen einander entsprechen, beides ist in der Person des Papstes als Lehrer und Hirte aufgehoben. Die Spannung zwischen der Person in ihrer Einzigartigkeit und der Kirche als oberstem Lehramt gilt es nicht nur auszuhalten, sondern fruchtbar werden zu lassen. Überfordern wir nicht! Der Einzelne in seinem Denken, Fühlen und Glauben wird sich nie ganz in Einklang bringen können mit der kirchlichen Gemeinschaft. Offenheit und Rücksichtnahme verlangen eine gewisse Kompromissbereitschaft, eine Realität des Zusammenlebens. Ist das nicht ein zu hoher Preis? Nein, denn nur so gelingt Spielen. Nichts ist mehr geregelt als das Spiel, alle erkennen die Regeln an, um Freude zu erleben, der Einzelne genauso wie die Gruppe. Spiel ist wahrscheinlich eine der schönsten Weisen unseres Daseins. Jesus kritisiert: Mit wem soll ich diese Generation vergleichen? Sie sind wie Kinder auf dem Marktplatz, die einander zurufen: Wir haben für euch auf der Flöte gespielt, ihr habt nicht getanzt – Verweigerung von Daseinsfreude.

Die Freude, ja auch sie, kommt vom Hören. Das Hören ist das Entscheidende – Hören auf den anderen, Hören auf das Andere, Hören auf mich selbst. Die Freiheit des Glaubens ist begrenzt durch die Ordnung, dass Gott den ersten Schritt setzt und spricht. Der Glaube kommt vom Hören – das Hören schenkt Vertrauen und das Hören erschüttert. Jesus erinnert uns daran, dass glaubendes Vertrauen auch und gerade mit der Vertrautheit der Stimme zu tun hat. Die Schafe hören auf die Stimme des guten Hirten (Joh 10,3; 10,16; 10,27), denn „sie kennen seine Stimme" (Joh 10,4). Durch die Vertrautheit entsteht Vertrauen. Glaube ist ein Vertrauen, das sich aus dem Hören ergibt; Glaube ist hörendes Vertrauen. Und Vertrauen lässt Selbstverständliches wachsen, das dann einen Rahmen für unser freies Handeln gibt.

Das Hören, das zum Glauben führt, ist aber auch erschütternd. Religiöser Glaube geht mit einem Moment der Erschütterung einher. Religiöser Glaube ist nicht das Ergebnis nüchterner Überlegungen, sondern nach christlichem Verständnis – so hat es Kardinal Martini einmal beschrieben – „ein Geschenk des Heiligen Geistes. Er leuchtet plötzlich auf, wenn der Mensch sich dem Geist Gottes anvertraut, und führt zu dem impulsiven Ausruf: ‚Es ist der Herr!' Das ist nicht nur eine sprachliche Äußerung, sondern eine Erschütterung der ganzen Person." Diese Erschütterung prägt die ganze Person, sie ist eine Erfahrung der Durchbrechung, die das Leben nicht so fortsetzen lässt wie gewohnt. Als der Lieblingsjünger in der Darstellung des Johannesevangeliums zu Petrus sagt: „Es ist der Herr!" (Joh 21,7), springt Petrus ins Wasser. Er kann weder bleiben, wo er ist – noch kann er seinen Handlungsgang fortsetzen. Er wird in seiner Lebensroutine erschüttert. „Er kann nicht anders." Das ist eine Erfahrung von Freiheit in einer Situation, die dem Petrus nicht viele Optionen gelassen hat, „er konnte nicht anders".

Und darin liegt keine Einschränkung der Freiheit, sondern die Öffnung des Lebens auf die Befreiung durch Gott auf die große, gottgeschenkte Freiheit hin.

FREUNDSCHAFT UND LIEBE

Freundschaft gehört zu den großen Entdeckungen meines geistlichen Lebens. Selbstverständlich hatte ich immer Freunde, als junger Mann Schul- und Fußballfreunde, später Gasthausfreunde, und das war gut so. Aber es fehlte eine gewisse Tiefe, die erst durch den Glauben geschenkt wurde. Das neu gefundene geistliche Leben hat diese Gnade eröffnet.

Glaube gibt einer Freundschaft Tiefe, weil hier zwei Menschen in dieselbe Richtung und in dieselbe Tiefe schauen. Freundschaft leben bedeutet: Leben teilen.

Freundschaft ist kostbar, bleibt aber zerbrechlich. Freundschaften bergen auch Gefahren in sich, wenn sie in Abhängigkeit führen.

Das schönste Zeugnis für Freundschaft gibt Johannes der Täufer. Als seine Jünger sich beschweren, weil viele nicht ihm, sondern Jesus nachfolgen, bekennt Johannes: Ich bin nicht der Messias. Wer die Braut hat, ist der Bräutigam. Der Freund, der dabeisteht und seine Stimme hört, freut sich. Diese Freude ist Wirklichkeit geworden. Er muss wachsen, ich aber kleiner werden (vgl. Joh 3, 28–30). Freundschaft will nicht besitzen, sondern gibt frei, tritt zurück, auf dass der andere sich zeigen, entfalten und wachsen kann. Damit ist auch die christliche Existenzweise benannt, die Sorge um den Nächsten: Dieser möge wachsen, ich aber kleiner werden. Das ist ein wechselseitiges Geschehen, im Grunde Liebe. „Niemand hat eine größere Liebe als der, der sein Leben hingibt für seine Freunde."

Freundschaft ist eine Form der Nähe, die beiden Freunden Raum für das Eigene gibt. „Freund" ist eine eigene Form der Beziehung zwischen „Bruder" und „Nachbar". Erzbischof Franz Lackner hat immer wieder betont, „Freund" sein zu wollen, „Freund Gottes" und „Freund der Menschen". „Ich bin Franz, euer Freund", so könnte man die Einladung des Salzburger Erzbischofs an die Menschen verstehen. Das ist eine eigene Einladung mit eigenem Stil. In Chicago hatte Kardinal Joseph Bernardin bei seinem Amtsantritt das viel zitierte Wort gesprochen: „Ich bin Joseph, euer Bruder". Sein Nachfolger Francis George sprach dann, wohl auch in Abgrenzung von seinem Vorgänger, das Wort: „Ich bin Francis, euer Nachbar." Der Freund ist eine eigene Kategorie, sie meint vor allem auch „wohlwollend bei euch sein", „bei euch sein als einer, der euch gut will". Dieses „Beisein" ist charakteristisch für die Freundschaft.

Freundschaft ist absichtslos, Mit- und Fürsein prägen das Zusammensein. Freiheit ist das oberste Gebot.

Die Bibel erzählt einige berührende Beispiele von Freundschaft: Berühmt ist die Freundschaft zwischen David und Jonatan im Alten Testament. Jonatan war der Sohn von König Saul. Wir lesen: „Sauls Sohn Jonatan aber hatte David sehr gern" (1 Samuel 19,1). Jonatan wollte das Wohl des David – und er wollte, dass kein Unrecht geschah; so stellte er sich gegen seinen Vater, der David, dessen Konkurrenz er fürchtete, töten wollte. Deswegen wurde David von Jonatan gewarnt. Echte Freundschaft ist am Guten orientiert und baut an einem neuen „Wir". Jonatan setzte sich für seinen Freund David ein, wurde sein Fürsprecher bei Saul: „Jonatan redete zugunsten Davids mit seinem Vater" (1 Sam 19,4). Er machte das klug und mit gut begründeten Argumenten. Hier sieht man ein ganz entscheidendes Kernstück einer Freundschaft: das Wohl-Wollen. David hat das erkannt, wenn er zu Jonatan sagt: „Dein Vater weiß genau, dass ich dein Wohlwollen gefunden habe" (1 Sam 20,3). „Wohl-Wollen", das bedeutet: sich am Wohl des anderen zu erfreuen, sich für das Wohl des anderen einzusetzen. Und „Wohl" bedeutet vieles auf einem ganzen Spektrum, das mit „Sicherheit" beginnt und bei „Blühen" und „Leben in Fülle" endet.

Und dieses Wohl-Wollen ist tätiges Wohlwollen; so wie es Jonatan in einer Frage an David, der wieder um sein Leben fürchten muss, ausdrückt: „Was könnte ich für dich tun?" (1 Sam 20,4). Freundschaft drückt sich in der tätigen Sorge um das Wohlergehen des anderen aus. Die Freundschaft zwischen David und Jonatan ist auch deswegen berührend, weil die beiden einen „Bund" schließen, also einen tiefen Pakt, der viel mehr ist als ein Vertrag. Dieser Bund ist gegründet auf Treue, Liebe und Vertrauen. Jonatan „liebte David wie sein eigenes Leben" (1 Sam 20,17). Er entfremdet sich sogar von seinem Vater Saul, weil dieser Unrecht an David tun möchte. Die Freundschaft erreicht ihren Höhepunkt, als Jonatan und Saul einander loslassen müssen und sie sich beide sagen: „Geh in Frieden!" (1 Sam 20,42). In manchem erinnert diese Freundschaft an die Liebe Jesu.

Das Verhältnis der Jünger zu Jesus lässt sich verschiedentlich benennen: Meister, Herr, Rabbi. In den Abschiedsreden des Johannesevangeliums öffnet sich aber eine ganz neue Dimension: „Ich nenne euch nicht mehr Knechte ... Vielmehr habe ich euch Freunde genannt" (Joh 15,15). Nähe, Liebe, Zärtlichkeit oder Verwundbarkeit – Jesus hat Freundschaft gelebt. Einer war ihm Lieblingsjünger; zu Lazarus, Marta und Maria pflegte er eine besondere Nahbeziehung. Als der Freund erkrankt und schließlich stirbt, weint Jesus an seinem Grab. Die Menschen erspüren die tiefe Verbundenheit Jesu mit ihm: „Seht, wie lieb er ihn hatte!" (Joh 11,36).

Jesus war freundschaftsfähig! Er hatte keine Angst vor Nähe, er hatte keine Angst vor der Verwundbarkeit seiner Freunde; er war bei seinen Freunden, verbrachte Zeit mit ihnen, suchte ihr Heil und ihr Blühen, legte sein Leben hin für sie. Seine Liebe zeigte sich im Heilen und in der Brotvermehrung und im Feiern beim Weinwunder in Kanaan, im Vergeben und im Bleiben und Zeit-Verbringen. Es war keine blutleere Liebe.

Es stimmt, eine jesuanisch verstandene Sinnlichkeit der Liebe wird in der Kirche vernachlässigt. Freundschaft kann dieses biblisch wichtige Thema neu entdecken lassen, zumal sie eine menschliche Grunderfahrung ist. Wie es nicht sein soll, lehrt das Beispiel eines Mitbruders, der dabei war, die Gemeinschaft der Franziskaner zu verlassen, und uns ins Stammbuch geschrieben hat: „Ihr gebt vor, alle zu lieben, aber in Wirklichkeit habt ihr nicht den Mut, konkret zu lieben." Die Gefahr ist groß, zugunsten einer universalen Offenheit ohne sinnliche Vermittlung die konkret-persönliche Dimension von Liebe zu verlieren. Glaube wird dann steril, blutleer und berechnend kalt. Das Maß der Liebe ist immer ein Zuviel. Liebe setzt Unterschiede, ohne ungerecht zu werden.

Echte Liebe „zeigt sich"; die Märchenforscherin Verena Kast hat einmal eine Bemerkung über die sinnliche Kraft und Tiefe russischer Märchen gemacht; hier werde der Mensch in seiner Sinnlichkeit ernst genommen, wie das etwa an dem Satz „Er gab ihr einen Kuss, den man noch 400 Kilometer weit hören konnte" deutlich wird. Das ist das Gegenteil von Blutleere. Freundschaft und Liebe wollen „handfest" sein, greifbar, tätig. An der echten Liebe und der tiefen Barmherzigkeit werden wir gemessen werden.

Kurz nach meiner Amtseinführung in Salzburg fragte ich beim Ad-Limina-Besuch in Rom Papst Franziskus: „Ich bin erst zwei Wochen als Erzbischof im Amt. Heiliger Vater, was geben Sie mir mit auf den Weg?" Papst Franziskus dachte nach und sagte dann: „vigilanza e misericordia" – Wachsamkeit und Barmherzigkeit.

Beides, Wachsamkeit und Barmherzigkeit, ist Ausdruck von Liebe; der wachsame, sorgsame, aufmerksame Blick auf jeden einzelnen, einzigartigen Menschen, dessen Wohl wir so im Blick haben, dass die Barmherzigkeit Gottes sich an ihm ereignen kann. Denn die Liebe, die wir schenken können, stammt von Gott.

Die großen Dinge des Lebens liegen nicht in unserer Machbarkeit, sind Gabe und Weitergabe! Liebe ist nicht Recht oder Anspruch eines Einzelnen, sie ist vielmehr ein Hineingenommen-Werden in einen großen Fluss, zugleich eine ganz persönliche Bewegung der Weitergabe. Der Apostel Paulus, der tief in das Wesen von Glauben, Hoffnung und Liebe eingedrungen ist, schreibt im ersten Brief an die Gemeinde von Korinth: Was wir empfangen haben, davon reden wir.

Sehen, was wir alles empfangen haben! Wir haben alles, um liebesfähig zu sein, wir haben da keine Ausrede. Wir dürfen unsere Liebe nicht von Bedingungen abhängig machen („wenn das und das der Fall ist, dann kann ich lieben"). Wir haben alles, was wir zum Lieben brauchen. Wir haben es empfangen. Empfangen von unserem Gott, der Mensch geworden ist.

Die Menschwerdung Gottes, der sich klein gemacht hat, fordert uns in besonderer Weise auf und heraus, den verwundbaren und armen Menschen mit Liebe zu begegnen.

Gott ist Mensch geworden in ärmlicher Umgebung, deshalb wird Gott zunächst unter den Armen zu suchen sein. Paulus benennt im Philipperhymnus die Armut Gottes: „Er war Gott gleich, hielt aber nicht daran fest, Gott gleich zu sein, sondern entäußerte sich und wurde wie ein Sklave und den Menschen gleich. Sein Leben war das eines Menschen." Der absolute Tiefpunkt der Entäußerung ist auf Golgatha erreicht, als Jesus sich sogar von Gott verlassen fühlte. Dieses Schicksal nimmt den Ausgang im Stall zu Betlehem. Auf die Armut Gottes in der Krippe folgt Heimatlosigkeit. Die heilige Familie befindet sich alsbald auf der Flucht, dem göttlichen Kind trachtete man nach dem Leben. Es scheint eine traurige Realität zu sein, mit der man sich jedoch nicht abfinden darf: Das Fliehen-Müssen zieht sich durch die Menschheitsgeschichte, es gibt zu allen Zeiten Flüchtende. Nicht selten flieht der Mensch vor sich selber. In diesem Menschenschicksal lässt Gott sich finden. „Der Menschensohn aber hat keinen Ort, wo er sein Haupt hinlegen kann" (Mt 8,20). Wir dürfen glauben: Wer einen Heimatlosen beherbergt, nimmt Jesus auf.

Und erst recht gilt es den Umgang Jesu mit Schwachen, Kranken und Sündern zu bedenken. Das sind Vorgaben, hinter die wir nicht mehr zurück dürfen. Daran werden wir einmal gemessen und beurteilt werden. „Was ihr für einen meiner geringsten Brüder getan habt, das habt ihr mir getan" (Mt 25,40). Papst Franziskus wird nicht müde, uns diese Wahrheit und Freude des Evangeliums in Erinnerung zu rufen. Gott ist Mensch geworden und er ist zuerst im Menschen zu suchen. Das bedeutet nicht, zu allem, was angeblich menschlich ist, Ja und Amen zu sagen, es bedeutet aber sehr wohl, dass wir nicht ohne unsere Brüder und Schwestern einmal bei Gott ankommen können.

Unsere Liebe zeigt sich und wird genährt in der liebenden Nähe zu Menschen, die es nicht leicht haben. Und unsere Liebe zeigt sich, wenn sie den besonderen und einzigartigen Menschen anblickt. Hier gilt der Primat der Einzigartigkeit vor der allgemeinen Regel, der Primat der Person vor der Struktur. So gilt auch in der Kirche und für die Kirche, dass der Sabbat, wie es in der Heiligen Schrift heißt, für den Menschen da ist und nicht der Mensch für den Sabbat. Das Kirchenrecht, die Strukturen der Kirche sind für den Menschen auf seinem Weg zu Gott da und zur größeren Ehre Gottes, aber nicht als Selbstzweck und schon gar nicht als höhergeordnetes Ziel. Wir sind gerufen, immer wieder die Sprache der Einzigartigkeit zu lernen, im Grunde: in der Begegnung mit jedem Menschen eine neue Fremdsprache zu lernen, denn das Lieben eines Menschen ist wie das Erlernen einer Fremdsprache. Wir müssen vielsprachig werden.

FÜRCHTEN

Das mächtige Wort „Fürchte dich nicht" zieht sich durch die Heilige Schrift; es ist ein wunderbares Wort, das wir so oft lesen können: „Fürchte dich nicht", heißt es beim Propheten Jesaja, „Ich habe dich beim Namen gerufen" (Jes 43,1) und: „Fürchte dich nicht, denn ich bin mit dir" (Jes 41,10). „Fürchte dich nicht, … denn ich bin es, der dich aus fernem Land errettet" (Jer 46,27). „Fürchte dich nicht", sagt der Herr zum Propheten Daniel (Dan 10,12). „Empfangt Macht und Stärke: Fürchtet euch nicht", sagt Mose zum Volk Israel (Dtn 31,6) und auch an anderer Stelle: „Fürchtet euch nicht" (Ex 20,20). Die christliche Heilsgeschichte beginnt mit diesem machtvollen Wort – der Engel sagt zu Zacharias, dem Vater Johannes des Täufers, „Fürchte dich nicht" (Lk 1,13); der Engel sagt zu Maria, der Mutter des Herrn: „Fürchte dich nicht" (Lk 1,30).

„Fürchte dich nicht" ist ein machtvolles Wort, das Kraft und Trost spenden kann. Der von den Nazis ermordete evangelische Pastor Dietrich Bonhoeffer hat sich an diesem Wort in den schweren Stunden festgehalten: Ende 1944 hat er im Gefängnis das Gedicht „Von guten Mächten wunderbar geborgen" geschrieben, zu einem Zeitpunkt, als seine Hoffnung

auf Entlassung schon verschwindend klein geworden war. Un-
mittelbar nach seiner Inhaftierung Anfang April 1943 war er
noch voller Optimismus, rechnete damit, nach wenigen Wo-
chen wieder in die Freiheit entlassen zu werden. Aber diese
Hoffnung sollte sich nicht erfüllen. Im April 1945 wurde er
hingerichtet. Dass er diesen Weg gehen würde, war ihm zum
Jahresende 1944 schon bewusst. In dieser Situation irdischer
Aussichtslosigkeit schreibt Bonhoeffer über die tröstliche Be-
freiung durch Gott, über die tröstende Gegenwart Gottes, über
die Geborgenheit in Gott inmitten der Gefahr. Sicherlich hat
er Angst gehabt vor dem Ungewissen, das kommen würde;
aber die Nähe zu Gott war größer als diese Angst. Und seine
Gottesfurcht war größer als seine Furcht vor dem, was Men-
schen einem Menschen antun können.

Der Begriff „Gottesfurcht" kann nicht von der Zusage
„Fürchte dich nicht!" getrennt werden. „Gottesfurcht" meint
Ehrfurcht vor dem Heiligen und Heiligsten, ein tief verwur-
zeltes Wissen um das Größere und Andere Gottes. Gott ist
nicht ein Gegenüber, dem wir „kumpelhaft" begegnen könn-
ten. „Fürchte den Herrn", steht im Buch der Sprichwörter
(Spr 3,7; Spr 24,21), „Fürchte Gott von ganzem Herzen", heißt
es im Buch Jesus Sirach (Sir 7,29). „Sei nicht überheblich,
sondern fürchte dich", lesen wir im Römerbrief (Röm 11,20).
Die rechte Gottesfurcht ist Zeichen von Frömmigkeit, die
rechte Furcht ist Zeichen von Weisheit, eine Welt ohne Furcht
kann tollkühn und größenwahnsinnig werden. Gott zu fürch-
ten heißt, sich um eine gottgefällige Lebensweise zu bemühen
(vgl. Dtn 6,2: „Wenn du den Herrn, deinen Gott, fürchtest,
indem du auf alle seine Gesetze und Gebote, auf die ich dich
verpflichte, dein ganzes Leben lang achtest ...").

So finden wir in der Heiligen Schrift gleichzeitig den Zuspruch, sich nicht zu fürchten, und die Mahnung, sich vor Gott zu fürchten.

In der biblischen Zeit fürchteten sich die Menschen vor Gott, das ist heute nicht mehr so. Ich bin noch nie jemandem begegnet, der sich vor Gott ernsthaft fürchtet. Jemand hat einmal pointiert geschrieben: „Aus der Frohbotschaft wurde eine Drohbotschaft." Aber das ist vorbei – Gott sei Dank! Drohungen sind nie gut, schon gar nicht aus religiösen Motiven. Dennoch, müssen wir uns nicht weitgehend eingestehen, dass die Drohbotschaft zur Nullbotschaft wurde, wie es dort weiter heißt? Die Hoffnung auf eine letzte Erfüllung und Gerechtigkeit ist uns entschwunden. In der Sterbebegleitung begegnete ich frommen und weniger frommen Christen; im Gespräch hörte ich mehrmals: „Vor dem, was nachher kommt, fürchte ich mich nicht, vor'm Sterben hingegen schon."

Die Angst vor einem strafenden und drohenden Gott hat abgenommen, das ist sicher gut so. Der amerikanische Jesuit und Kardinal Avery Dulles hat in seiner Abschiedsvorlesung als Professor an der Fordham-Universität in New York über die Hölle nachgedacht und gemeint: Die längste Zeit haben fast alle Christinnen und Christen geglaubt, dass die meisten Menschen in der Hölle enden werden. Das habe sich bis ins 20. Jahrhundert gehalten und dann sei es gekippt und nun, so Dulles, glauben die meisten Christinnen und Christen, dass die meisten, vielleicht alle, gerettet werden. Dulles hält das nicht für schlecht, weist aber auf die Gefahren dieser beiden Grundeinstellungen hin: Übertriebene Angst vor der Hölle kann zu einer skrupulösen Haltung führen, die das Leben verweigert, sich in Ängsten und Zweifeln verstrickt. Und die leichtfertige Annahme „Es wird schon irgendwie gut werden" kann zum Verlust an Lebensernst führen und zu einer laxen Haltung, bei der das Mühen um das Gute fehlt. Da lohnt es sich, in behutsamer Weise über den geistlichen Wert des rechten Fürchtens nachzudenken.

Das Fürchten wird heute rein innerweltlich erlebt. Der Mensch fürchtet sich sehr. „Der schrecklichste der Schrecken, das ist der Mensch in seinem Wahn", heißt es bei Friedrich Schiller. Das Thema ist geblieben, könnten wir folgern, nur der Horizont hat sich verschoben. Wenn wir aber die so bedrängende Erfahrung der Angst allein auf menschlicher Basis abhandeln, kann das leicht in aggressive Gegenreaktionen, zu Rache und Vergeltung ausarten. Diese Gefahr scheint in unserer Zeit größer zu werden.

Wenn wir andererseits darauf blicken, was Gottesfurcht bedeutet, so zeigt sich, dass sie, recht verstanden und gelebt, nicht in Gewalttätigkeit mündet. Das den Menschen bedrängende Thema der Furcht ist in der Beziehung mit Gott aufgehoben. Gott allein urteilt. Gottesfurcht ist Ehrfurcht ohne Beängstigung. Der Ehrfürchtige staunt, blickt hoffungsvoll auf zu Gott. Der Psalmist betet mit bangen Worten: „Ich erhebe meine Augen zu den Bergen, woher kommt mir Hilfe?" So fragt der Betende, der Hilfe Suchende, und gibt sich selbst die Antwort: „Meine Hilfe kommt vom Herrn."

Im Gebet liegt eine verwandelnde Kraft: Gläubige nehmen mit ihren Sorgen, Nöten und Bedrängnissen bei Gott Zuflucht. Reale Ängste und Bedrohungen werden nicht genommen, das zeigen die Urgebete der Psalmen. Der Klagende wendet sich betend an Gott, Klage verwandelt sich im Gebet in eine Bitte, die Bitte wird ihrerseits zum Dank. Was immer wir erleiden müssen, was immer uns zugemutet wird, wir sind dennoch in Gott geborgen. Bei Jesaja, dem Propheten der Adventszeit, heißt es: „Ich vergesse dich nicht. Sieh her, ich habe dich eingezeichnet in meine Hände" (Jes 49,16). Glaubend vermögen wir mehr zu fühlen und zu spüren, als wir wissen und haben können.

Glauben heißt Vertrauen und nicht: Wissen. Vertrauen bedeutet Risiko. Wir vertrauen einander in der Öffentlichkeit, und dieses Vertrauen kann rasch zunichte gemacht werden. Wer erinnert sich nicht an die beiden „Snipers von Washington"? Zwei Heckenschützen haben im Oktober 2002 die Millionenstadt Washington mit Angst erfüllt. So wie ein Tropfen Gift hunderte Liter Wasser vergiften kann, kann eine brutale Tat das öffentliche Klima vergiften. Die beiden Heckenschützen hatten wohl selbst Angst – Angst vor gesellschaftlichen Veränderungen, Angst vor Versagen und Scheitern, Angst vor dem ruhigen Alltag.

Angst ist gefährlich, weil sie diffus ist, wuchert und am besten auf dem Boden von Vermutungen und Mutmaßungen gedeiht. Angst ist gefährlich, weil sie den Sinn für Maß nimmt. Mit gutem Grund hat Bertrand Russell gesagt: Angst ist die Mutter der Grausamkeit. Und Grausamkeit ist, wie wir wissen, Maßlosigkeit in der Anwendung von Gewalt.

Angst wird zerstörerisch, wenn man sich ihr nicht stellt. Ein Heilmittel gegen die Angst ist die ruhige Frage; Fragen fördert eine Frömmigkeit, die den Aberglauben bekämpft, den die Angst hervorruft. Denn die Angst lähmt und macht eng: das deutsche Wort ist nicht von ungefähr mit dem indogermanischen „angh" („eng") verbunden. Daher ist das Gegenteil von Angst innere Weite, innere Freiheit.

Und diese innere Freiheit und Weite finden wir gerade dann, wenn wir uns demütig und vertrauensvoll an Gott wenden.

Der heilige Franziskus ruft aus: „Seht die Demut Gottes!" Wie sehr ist Gott in Jesus zur Knechtsgestalt geworden. Durch diese Erniedrigung gibt Gott ein Beispiel; uns, unserem Glauben: Wir mögen klein werden; auf Herbergssuche gehen, in unser Inneres hinein; dort die Orte aufsuchen, wo Ohnmacht, Schwäche und unsere Niederlagen herrschen. Wo ist der Stall, die Krippe in uns? Wo hat sich in uns bittere Kälte breit gemacht, die vielleicht nach Vergeltung und Hass ruft? Dorthin dringt die tröstende Botschaft der Christnacht; vielleicht brauchen gerade wir in diesen unsicheren Tagen die ermutigenden Worte des Engels mehr denn je: „Fürchtet euch nicht, denn ich verkünde euch eine große Freude … Heute ist euch der Retter geboren, er ist der Messias, der Herr!" In der Begegnung mit dem göttlichen Kind in uns werden unsere Engheiten verwandelt in Weite, wird die Furcht der Freude und alles Streiten dem Frieden weichen. Das ist ein Akt des Vertrauens, ein kleiner Glaubensschritt, den wir stets neu setzen sollen, indem wir uns hineingeben in die liebenden Hände Gottes.

Papst Franziskus hat von der Freude des Evangeliums gesprochen – ich möchte „Freude" als jenes Weitmachende und Freimachende verstehen, das der Angst entgegengesetzt ist. Ich möchte vorschlagen: Das Gegenteil von Angst ist nicht Furchtlosigkeit, sondern Freude, eine Freude, die gut mit Gottesfurcht zusammengeht.

Am Anfang meines Weges zum Priestertum, der lang war, weil ich die ganze Oberstufe des Gymnasiums nachholen musste, hatte ich zuweilen den Eindruck, ich schaffe das nicht; manchmal schien es mir gar, als ob ich es nicht mehr schaffen wollte. Da habe ich des Öfteren meine Mutter herausgefordert und sie vorwurfsvoll mit meinem Unwillen konfrontiert: „Vielleicht geht ohnehin alles daneben? Und ich kehre wieder in mein altes Leben zurück." Da hat sie mit schlichten Worten geantwortet: „Das wird nicht so sein!" – ein Hoffnungswort, gesprochen aus tiefer Glaubensüberzeugung.

Das wird nicht so sein! Dieses Wort drückt das Vertrauen in die wandelnde Kraft des Glaubens aus. Es wird alles gut werden! Das ist die Hoffnung, die uns trägt.

GLAUBE

Als Kind erlebte ich den Glauben an Gott als sehr lebensdienlich. Die Firmung war für mich ein Erlebnis zur Mündigkeit des Christseins, es war mir aber nicht bewusst, welche Verantwortung das bedeutet. Die in Familie und Pfarrleben aufgebaute Innerlichkeit hielt der Konfrontation mit der Welt nicht allzu lange stand, und so verlor ich in jungen Jahren den Bezug zu Kirche und Glauben. Mein Leben wurde innerlich wie äußerlich halt- und orientierungslos. Ein Blatt im Wind der Zeitströmungen, die mir jeweils gerade entgegenkamen.

Dabei habe ich mich nie gegen Gott entschieden, aber ich lebte ohne Kontakt zur Religion. Ich verfiel einer inneren Haltlosigkeit, und als ich einmal – im Alter von vielleicht achtzehn Jahren – auf der Straße angesprochen wurde mit der Frage, was ich denn von Gott denke, hätte ich mich gerne auf ein Gespräch eingelassen, musste aber nach längerem Nachdenken eingestehen, dazu nichts sagen zu können. Zum ersten Mal seit langem fiel mir das Fehlen von etwas auf, das ich früher gut kannte.

Es ist eine Gnade, Sehnsucht zu verspüren nach ganz anderem, ein Bewusstsein zu haben, eine Ahnung wenigstens von etwas, das fehlt. Die Sehnsucht nach einer besseren Welt hat schon vielen Menschen die Kraft gegeben, sich aufzumachen und das Antlitz der Erde zu verändern. Der polnische Kinderarzt Janusz Korczak, der während der Besetzung Polens durch die Nazis im jüdischen Getto Warschaus ein Waisenhaus leitete, hat es so ausgedrückt: Wir können den Kindern nicht viel geben, aber eines doch: die Sehnsucht nach einer besseren Welt. Es ist eine besondere Gabe, diese Sehnsucht zu spüren. Sie wird geweckt von einem klaren Blick auf das, was fehlt, wie auch mit einem klaren Sinn für Möglichkeiten, mit einem „Möglichkeitssinn". Lesen, Reisen, Träumen können diese Sehnsucht ebenso nähren wie gute Gespräche und gute Gebete. Eine so geweckte Sehnsucht verhindert, dass man sich abfindet mit dem, was ist; sie verhindert, dass man in den Tag hineinlebt. Sie ist ein Heilmittel gegen Gedankenlosigkeit, und Gedankenlosigkeit ist die größte Gefahr für das gute Zusammenleben, so hat es die jüdische Philosophin Hannah Arendt gesehen, die zweimal vor den Nazis fliehen musste (erst nach Paris, dann nach New York). Gedankenlosigkeit schadet auch dem Glauben, der suchend, brennend, tastend sein will, um lebendig zu sein.

Nichts schadet dem Glauben so sehr wie eine alles gleich-gültig machende Oberflächlichkeit. Gedankenlosigkeit ist eine schlimme Form, Gott loszuwerden. In jenen Jahren der Glaubensferne machte ich mir und vor allem anderen das Leben gedankenlos schwer. Das tut mir bis auf den heutigen Tag leid.

Nach mehreren Um- und Irrwegen landete ich schließlich als UNO-Soldat auf Zypern. Bei einsamen Wachgängen unter freiem Himmel, mitunter auch etwas angsterfüllt, kam ich zum Denken, und das führte mich hin zum Lesen der Heiligen Schrift. Die Bibellektüre hat mich beruhigt. Das Lesen des Wortes Gottes wurde mir zur täglichen Gewohnheit. Ich freute mich auf die Zeit des Weiterlesens. Da geschah es aber: Als ich die Stelle im Evangelium nach Matthäus las, wo es heißt: „Kommt alle zu mir, die ihr euch plagt und schwere Lasten zu tragen habt. Ich werde euch Ruhe verschaffen" (Mt 11,28), schien es mir, als ob Gott an mir vorübergegangen wäre. Zuinnerst getroffen eilte ich zum Priester und fragte ihn, ob das, was hier steht, auch wahr sei? Er sagte: „Ja!" Meine zweite Frage: „Was muss ich tun?" Nach längerem Nachdenken antwortete er: „Gib Gott in deinem Leben eine Chance."

Die Aufforderung „Gib mir eine Chance" kennen wir aus vielen Zusammenhängen. Der Satz wird vom Bewerber an die Arbeitgeberin gesprochen, vom Lehrling zur Meisterin, von der Haftentlassenen zum Vermieter. Der Satz wird auch oft im Zusammenhang mit „zweiten Chancen" gebraucht. Ignatius von Loyola, der Gründer des Jesuitenordens, hat einmal gesagt: Die wenigsten Menschen wissen, was aus ihrem Leben werden könnte, wenn sie es ganz Gott überlassen würden. Gott kann aus dem Ton unseres Lebens Kunstwerke wie ein Töpfer schaffen. Während Gott formt und knetet, ist – um im Bild zu bleiben – vielleicht nicht ersichtlich, was schlussendlich herauskommen wird. Das ist eine Sache des Zutrauens, Vertrauens. Glaube ist Vertrauen und damit auch „Nichtwissen".

Als Kinder hatten wir keine eigenen Zimmer. Wir schliefen alle in einem Raum. Ergab es sich, dass ich beim Schlafengehen der Letzte war, musste ich das Licht abschalten.

Nur: mein Bett stand am anderen Ende der Stube. Dabei bin ich stets so vorgegangen: Solange das Licht aufgedreht war, visierte ich das Bett genau an, die Hand legte ich ohne hinzuschauen an den Schalter, dann hieß es: Licht aus und gehen. Gehen, nicht denken oder überlegen, ob mir nicht irgendein Hindernis im Weg stehen könnte. Auf diese Weise habe ich mein Ziel immer zu 100 Prozent erreicht.

Glauben ist auch ein Gehen im Dunkeln, ein Sich-Fallen-Lassen, das sich aus Vertrauen ergibt. Vertrauen ist wie ein zartes Pflänzchen, das immer wieder gegossen werden muss. Gottvertrauen wächst durch die vielen kleinen Erfahrungen des Getragenseins. Vertrauen wird durch „das viele Kleine" gefestigt, durch viele kleine Alltagserfahrungen.

Der Glaube lebt von kleinen Wagnissen, die wir eingehen, nicht von großen Aktionen. Wir feiern Weihnachten, Heilige Nacht, in der Gott als Kind auf diese Erde kommt. Der Allmächtige wird gleichsam machtlos, der Größte gesellt sich zu den Kleinsten; der Stärkste wird schwach! Glaube macht uns auch deswegen schwach, weil wir letztgültig nichts wissen. Es ist ein Zeichen von Stärke, mit dieser Schwäche gut umgehen zu können. Im Glaubensleben lesen wir Zeichen.

Es ist ein großes Abenteuer, das eigene Leben im Licht des Glaubens zu lesen. Da sehen wir manchmal mit neuen Augen. Der amerikanische Priester John Dunne hat einmal davon geschrieben, dass wir Menschen mitunter glauben, in einer bestimmten Geschichte zu sein, aber tatsächlich ist es eine ganz andere Geschichte. Der heilige Benedikt Joseph Labre, so ein Beispiel von John Dunne, wollte ein Mönch werden und wanderte durch ganz Europa, von einem Kloster zum nächsten, um sein Heim zu finden. Er wurde aber nicht fündig und er kannte dafür: Meine Geschichte ist nicht die Geschichte eines Mönchs, sondern die Geschichte eines Pilgers. Er war in einer ganz anderen Geschichte, als er dachte. Auch das hat mit Vertrauen zu tun.

Wie wäre es, die Welt und auch unser Leben mit den Augen Gottes zu sehen? Das ist vielleicht so ähnlich wie das jährlich in Salzburg aufgeführte Stück „Jedermann". Die Hauptfigur glaubt, ein bedeutender Mann zu sein, der alles gewonnen hat und alles gewinnen kann, in den Augen Gottes ist er aber dabei, alles zu verlieren. Wir wissen also nicht sicher, in welcher Geschichte wir uns befinden. Wir können uns bemühen, die Zeichen auf dem Weg zu lesen, aber wir gehen im Vertrauen.

Dieser Unterschied von Wissen und Zeichen-Lesen ist für unseren Glauben sehr wichtig. Ich bin fest überzeugt, dass die allgemeine Glaubensschwäche unserer Zeit damit zusammenhängt, dass wir so viel wissen – und dieses Wissen nicht als ein Zeichen, welches auf Gott hinweist, zu verstehen vermögen.

Glaube ist nicht eine Sprache, die einfach gelernt werden kann wie eine Fremdsprache, auch wenn das Glaubensleben vieles mit dem Einüben in eine Sprache und eine Kultur gemein hat. Glaube ist Geschenk, Gnadengeschenk – und dieses Geschenk erfasst die ganze Person, ist nicht bloß ein Aspekt des Lebens neben vielen anderen. Deswegen ist der entscheidende Punkt des Glaubens das Bekenntnis, das mein ganzes Leben verankert.

Glaube lebt ganz wesentlich vom Bekenntnis. Das Bekennen ist der Sprache tiefster Sinn in der Theologie, nicht das alles erklären wollende Wort. Wir Bischöfe haben den Ad-Limina-Besuch in Rom mit einer Eucharistiefeier am Grab des Apostels Petrus begonnen. Da wurde mir erneut und sehr tröstlich bewusst, warum Jesus seine Kirche gerade auf diesen Apostel gegründet hat. Petrus, der Fels, zeichnet sich nicht dadurch aus, dass er glasklarer Edelstein oder knallharter Granit wäre. Im Gegenteil, wir kennen seine Fehler, sein Ringen und Versagen, aber was ihn so sehr hervorhebt, ist das Bekenntnis zu seinem Herrn Jesus Christus.

Das Haus der Kirche ist auf Fels gebaut, aber dieser Fels ist ängstlich; Petrus lebt aus dem zweifachen Bekenntnis, dem Bekenntnis zur Gottheit Jesu und dem Bekenntnis zu seiner Liebe zu Gott.

Denken wir an die Stelle, als Jesus nach der Auferstehung Petrus drei Mal fragte: „Liebst du mich?", und als er zum dritten Mal gefragt wurde, heißt es: „Da wurde Petrus traurig und antwortete ihm: Herr, du weißt alles, du weißt, dass ich dich liebe!" (Joh 21,17), oder an die Stelle, als Jesu Rede nicht den Beifall fand wie sonst und die Leute sagten: „Diese Rede ist hart, wer kann sie anhören?" (Joh 6,60), „Da fragte Jesus die Zwölf: Wollt auch ihr weggehen?" (Joh 6,67). Wiederum ist es Petrus, der für alle in die Bresche springt: „Herr, wohin sollen wir gehen? Du hast Worte ewigen Lebens!" (Joh 6,68).

Die Petrus-Bekenntnisse haben den Charakter einer gewissen „Letztheit". Da ist nichts mehr zu diskutieren oder herumzuinterpretieren; zu Jesus Christus gibt es keine Alternative, so wie es zum Guten keine geben kann. Glaube ruft zur Entscheidung! Die Kirche lebt vom Bekenntnis.

Dieses Bekenntnis muss freilich immer wieder geprüft und geläutert werden; es gibt Glauben, aber auch Fehlformen des Glaubens. Schon in der Apostelgeschichte stoßen wir auf Fehlformen des Glaubens, etwa auf die Zaubereien eines gewissen Simon (Apg 8, 9–11) oder die Wahrsagereien einer mazedonischen Frau (Apg 16,16). Eine Fehlform des Glaubens ist es auch, als besagter Simon die Gaben des Geistes käuflich erwerben möchte (Apg 8, 18–19). Die Unterscheidung von echtem Glauben und Fehlformen des Glaubens ist eine der wichtigsten Unterscheidungen im geistlichen Leben. So können wir uns fragen: Was ist ein gesunder Glaube?

Zur Gesundenuntersuchung des Körpers muss man zum Arzt gehen. Es sollte auch theologische Gesundenuntersuchungen geben. Diese würden dann umgekehrt verlaufen: Jesus, der Arzt, tut den ersten Schritt. Unsererseits wäre wachsame Aufmerksamkeit gefordert. Der Apostel Paulus sagt im Römerbrief: Glaube kommt vom Hören. Der blinde Bettler Bartimäus gibt davon ein beredtes Zeugnis. Er hört, dass es Jesus ist, der vorbeigeht, und ruft: „Jesus, hab Erbarmen mit mir!" Jesus hört ihn. Obwohl von einer großen Menge umgeben, überhört er ihn nicht und lässt ihn kommen. Jesus fragt: „Was soll ich dir tun?" Bartimäus antwortet: „Ich möchte wieder sehen können", und Jesus: „Dein Glaube hat dir geholfen."

Glaube ist zuerst keine Kopfsache. Erst in zweiter Linie gibt Glaube zu denken. Der Glaube ist im Herzen beheimatet, und dieses hat eine eigene Logik. Der große Dichter Leo Tolstoi beschreibt, wie es ihm beim Dichten ergeht: Wenn es so sei, dass die Worte glatt, wohlgeformt aus ihm herauskommen, dann höre er auf, denn das sei nicht mehr die

Sprache des Herzens, sondern jene des Kopfes. Die Sprache des Herzens sei ruppiger, widerständig und brauche das Überwinden und Durchhalten.

Gesunder Glaube hat etwas Ursprüngliches, auch Rohes. Daran muss man immer wieder erinnern, gerade in der Kirche, die geformte Gebete kennt und sorgsam geplante Liturgien feiern lässt. Das hat natürlich seinen Platz. Man kann das vielleicht mit einem feierlichen, wohlüberlegten Brief vergleichen, den ein Kind den Eltern schreibt oder ein Ehepartner der Partnerin.

Ein gesunder Glaube sucht Gott in allen Dingen, aber ohne das Mysterium Gottes aufheben zu wollen; ein gesunder Glaube ist gebaut auf Gottesfurcht und Gottvertrauen.

Jesus kritisiert seine Jünger nie, weil sie etwas nicht wissen, aber sehr oft, weil sie keinen Glauben haben und Zeichen nicht erkennen. Dazu eine Erfahrung: Im Jahr 1978, in meiner Zeit als UNO-Soldat, religiös noch nicht sehr wach, hatte ich Dienst in der Pufferzone zu leisten. Die Arbeit war nicht ganz einfach, im Turnus von drei Wochen wurden die Soldaten zum Wachdienst stationiert, dem folgten dann drei Wochen im Camp in Famagusta, wo wir leichtere Dienste versahen. Ich war Kellner im Unteroffizierskasino. Ungefähr um 11 Uhr abends war Sperrstunde, in meiner Baracke las ich dann gewöhnlich vor dem Schlafengehen noch in dem Buch „Und die Bibel hat doch recht!“. Darin wird versucht, all das, was in der Bibel geschrieben steht, durch Vorkommnisse in dieser Welt zu erklären sowie die Plausibilität von Glaubensinhalten zu zeigen. Ich war schon etwas müde und schlug das Buch wahllos auf. Mein Blick fiel auf ein Bild, welches das Antlitz vom Turiner Grabtuch zeigt. In jenem Augenblick war mir, als ob nicht ich schaute, sondern der Blick des Mannes mich ins Herz traf. Obwohl ich betroffen war, verstand ich es nicht. Es war ein Zeichen, welches zu erkennen Zcit und Erinnerung braucht. Auch die Jünger Jesu erinnerten sich nach der Auferstehung an all das, was er ihnen vorher erzählt und erklärt hatte.

Ein gesunder Glaube lässt sich ins Herz treffen und zeigt sich dann im Leben.

Unsere Aufgabe ist es, anders zu leben und evangeliums-gemäß zu handeln. Wie es der Diognetbrief aus der Frühzeit des Christentums sagt: „Christen tun das nicht!" In dieselbe Richtung weist der deutsche Philosoph Jürgen Habermas, ein unverdächtiger Zeuge, wenn er meint, die Gläubigen der Zukunft werde man daran erkennen, was sie nicht tun.

Ein gesunder Glaube führt in ein Leben hinein, in dem wir vieles, was für andere vielleicht selbstverständlich sein mag, nicht tun. Denn ein Leben in einer Glaubensgemeinschaft steht unter dem starken Wort: „Bei euch aber soll es nicht so sein" (Mk 10,43).

GNADE

Zu meinen schönsten Kindheitserinnerungen gehört das
Erntedankfest. Ernten war für uns Kinder ein ganz beson-
deres Erlebnis. Wir wussten – niemand hat es uns einge-
trichtert –, der schönste und größte Kürbis gehört zum
Dank für die Ernte in die Kirche. Gott gibt Gedeihen und
Wachstum. Er schenkt alles Gute. Wir geben Dank und
Lobpreis zurück.

Das Einbringen der Früchte der Erde und der menschlichen Arbeit – so beten wir bei der Gabenbereitung – ging
einher mit einem tiefen Empfinden von Dankbarkeit und
Vertrauen. Mutter Erde – so würde Franziskus sagen – hat
uns auch im vergangenen Jahr nicht im Stich gelassen. Mit
ihren Gaben sicherte sie alljährlich den Erhalt für Mensch
und Vieh über die damals noch rauen Wintermonate hindurch. Erntedank nährte das Vertrauen in die Vorsehung
Gottes. Eine starke, fast archetypische Erfahrung, die Gewissheit, es wird im nächsten Jahr auch so sein. In der Win-
terszeit ruht die Erde, aber nur, um im Frühling mit neuer
Lebenskraft zu erwachen. Dankbarkeit war selbstverständlich, Undankbarkeit gedankenlos. Danken und denken gehören zusammen!

Ein gottverbundener Mensch lebt in der Dankbarkeit des Beschenkten und hat auch ein Wort dafür: Gnade. Dietrich Bonhoeffer hat in den 1930er Jahren darüber nachgedacht, wie man religiöse Begriffe in eine nichtreligiöse Sprache übersetzen könne. Beim Begriff „Gnade" scheint es einigermaßen einfach; er bezieht sich auf die Grunderfahrung des Beschenktseins.

Gnade besagt: Die wichtigsten Dinge im Leben sind umsonst! Und tatsächlich ist es so – eine glückliche Ehe, ein erfülltes Leben, schöne Freundschaften, innige Beziehungen zu den Eltern und Kindern – all das kann man nicht kaufen. Und auch nicht planen.

Im Leben ist mir vieles unverdient zugefallen. Ich denke an meine schon verstorbenen Eltern. Der Vater wäre gerne Maurer geworden, es war nicht möglich. Die Mutter eine intelligente, eigentlich philosophisch denkende Frau. Ihr Lebenssinn, wie sie mir einmal sagte: „Das seid ihr, meine Familie." Meinen Eltern waren als Keuschlern Wege verschlossen. Mir haben sich viele eröffnet, die ich mir nicht hätte träumen lassen. Dafür bin ich sehr dankbar.

Es ist auch ein Zeichen von Gnade, den Kreis dessen, was man als geschenkt wahrnehmen und erfahren kann, auszuweiten. Wir alle haben etwa eine besondere und auch entsprechend begrenzte Herkunft und Geschichte. Die eigenen Wurzeln als Geschenk erleben zu können, das uns dankbar macht, ist eine Gabe – und eine geistliche Aufgabe. Dankbarkeit und Einfachheit sind vielleicht die deutlichsten Zeichen gnadenhaften Beschenktseins – Erzbischof Franz konnte diese Dankbarkeit im Studium, diese Einfachheit im heimatlich verwurzelten Leben erfahren.

Ich durfte mich jahrelang, auch noch als Priester, dem Studium der Philosophie widmen, mich mit subtilsten Gedankengebäuden, dazu gehören die Gottesbeweise, beschäftigen. Dahinter steht aber die angesprochene einfache Erfahrung des Erntedanks: Der größte Kürbis gehört zum Dank in die Kirche. Das Schönste, das höchste Gut, das schlechthin einfach Wahre weist über unsere Welt hinaus, berührt das Heilige.

Das Selbstverständliche der Heimat schenkt Wurzeln, die dann den Flügeln guten Halt geben, die die Weite der Welt ohne Angst erleben lassen.

Die Dimension der Herkunft hat Hanns Koren, ein überzeugender Kulturpolitiker, erschlossen: Heimat ist Tiefe, nicht Enge. Tiefe als Verwurzelung scheint in unserer Zeit nicht wenigen zu fehlen. Viele haben in einer unruhig gewordenen Welt schlichtweg vergessen, woher sie kommen und wohin sie gehen.

Es gibt so etwas wie eine persönliche „Ethik der Erinnerung" mit der Frage: Was darf ich nicht vergessen? Welches Erinnern schulde ich Menschen, die wichtig für mich geworden sind? Heimat bedeutet etwas, das vertraut geworden ist, und das, was wir uns vertraut gemacht haben, ist uns auch in einer besonderen Weise als kostbar anvertraut. Jede Stunde, die wir mit jemandem verbringen oder für etwas aufwenden, erzeugt eine Bindung, die mit regelmäßig geteilter Zeit tiefer wird. Die Erfahrung von Halt gebenden Bindungen ist Gnade. Dabei geht es gerade auch um das Leise, Sanfte, Kleine.

Die Gegend, in der ich aufgewachsen bin, war sehr arm. Die Menschen bestritten ihren Unterhalt zumeist aus dem Betrieb kleiner Landwirtschaften. Harte Arbeit und Gebet schafften eine Verwurzelung in etwas, das sehr stark als Geschenk und Gabe erfahren wurde. Das ist Heimat.

Die Erfahrung von Heimat als Gnade lässt uns „Ja" sagen zu Ort und Herkunft, zu Geschichte und Gemeinschaft. Freilich: Heimat in Gott zu finden ist der Inbegriff der Gnade. Wer diese Gnade hat, wird Heimat überall finden können. Der Begriff der Gnade ist ja die wichtigste Erinnerung daran, dass das, was wir bekommen, nicht „von der Welt" gegeben ist; das, was uns dankbar macht, ist „gegeben", nicht schlichtweg „da".

Gnade ist ein Gut, das nicht abgemessen werden kann. Man kann nicht sagen: Dieser Mensch hat mehr Gnade empfangen als jener. Es gibt eine gewisse Versuchung, auch im Glaubensleben weltliche Maßstäbe anzulegen und sich in einem Wettkampf mit anderen zu wähnen, Fasten wie einen Sport anzusehen, Beten wie eine Aktivität, die man messen kann („wie lange betest du?"). Diese Versuchung ist nicht leichtfertig gegeben, ist es doch verständlich, dass wir im geistlichen Leben wachsen wollen und sollen. Fasten will so praktiziert werden, dass es spürbar wird, Beten braucht eine bestimmte Substanz, um das Innere der Person zu berühren. Aber wichtig ist der Gedanke, dass Gnade nicht erzwungen werden kann, sie ist frei, wie ein Geschenk frei ist, ungeschuldet, nicht erarbeitet und erleistet. Gnade ist nicht Ergebnis und Produkt eines Glaubenslebens, ebenso wenig wie Glauben ein Handwerk ist, das man einfach lernen kann (auch wenn die Übung und Einübung im geistlichen Leben eine wichtige Rolle spielt). Wir müssen uns davor hüten, in ein „Je mehr, desto besser"-Denken zu verfallen.

Was Gnade bedeutet, ist in unserer Zeit schwer vermittelbar. Wir leben in einer Maximierungsgesellschaft: immer mehr, immer schneller, immer besser. Die Worte des heiligen Paulus, „aus Gnade bin ich, was ich bin … nicht aus eigener Kraft", verlieren ihre Bedeutung. Darum sollte unser Blick besonders auf das Wenige und Kleine gerichtet sein. Letztlich stehen wir vor Gott immer mit leeren Händen da. Und gerade, weil das so ist – Paradoxon des Glaubens –, können wir viel tun. Der Apostel schreibt den stolz gewordenen Korinthern: „Wenn ich schwach bin, dann bin ich stark!" (2 Kor 12,10). Oder: „Wir freuen uns, wenn wir schwach sind, ihr aber stark" (2 Kor 13,9).

Die Schwäche, von der wir hier reden, ist die weltzugewandte Seite des Glaubens, die andere – Gott zugewandt – ist die der Stärke. Der Philosoph Sören Kierkegaard hat ein Loblied auf den Urvater des Glaubens, auf Abraham, geschrieben: „Abraham, ich danke dir, dass du es nie weiter als bis zum Glauben gebracht hast." Direkte Begegnung – es nicht weiter als bis zum Glauben zu bringen – mag in der Augen der Welt Schwäche sein, für Gläubige hingegen Stärke. Glaube – ich wiederhole – kommt vom Hören. Wie es in einer berührenden Stelle bei Jesaja heißt: „Hört auf mich, dann bekommt ihr das Beste zu essen" (Jes 55,2).

Das ist eine wunderbare Zusammenfassung von der Gnade Gottes, die uns nährt: hören, nicht reden; offen sein für das, was Gott frei gibt. Die Freiheit des Menschen, diese Gnade zu empfangen, wird größer, wenn wir leer werden, leer von uns. Gnade heißt: Wir empfangen Fülle mit leeren Händen und wissen eigentlich nicht, wie uns geschieht.

GOTT

Gott überrascht. Ein Sprichwort sagt: „Das Wort, das du brauchst, kannst du dir nicht selber sagen." „Gib Gott in deinem Leben eine Chance!", hat ein Priester zu mir gesagt, als ich auf Zypern stationiert war, und es ist zu einem Wort geworden, das ich immer weitersagen muss. Ursprünglich konnte ich damit nicht so recht etwas anfangen. Was bedeutet es?, fragte ich mich. Aber es hat mich nachdenklich gemacht. Gott im eigenen Leben eine Chance geben bedeutet, das Wagnis des Glaubens einzugehen. Gott Gott sein lassen! In meinem Leben!

Christsein verdankt sich zuerst dem offenbarenden Sprechen Gottes. In unserer Zeit geschieht das oft unaufdringlich still. So erschien mir, dem damals 23-jährigen Soldaten, die Aufforderung „Gib Gott in deinem Leben eine Chance!" fast nichtssagend, gern hätte ich etwas Großes und Schweres getan. Bei den nächtlichen Wachgängen, im Nachsinnen darüber entfalteten diese Worte aber ihre Wirkung. Das Gebet kehrte zurück. Mit den Worten des jungen Samuel: „Hier bin ich, Herr, du hast mich gerufen."

Es geschehen erstaunliche Dinge, wenn wir unser Leben wirklich und vertrauensvoll Gott übergeben. Pedro Arrupe, der nachmalige Generalobere der Gesellschaft Jesu, wurde im November 1941 wegen Spionageverdachts verhaftet und Mitte Januar 1942 stundenlang verhört; jede Antwort konnte ihm in dieser heiklen Situation zum Verhängnis werden. Er schrieb: „Ich empfahl mich Gott und begann im Vertrauen auf ihn." Arrupe wurde nach zermürbender Befragung aus der Haft entlassen. Für ihn war das – einmal mehr! – eine Gotteserfahrung. Für Pedro Arrupe war Gott „sein Alles und sein Alltag", weil er Gott real erfuhr, mitten im Alltag, jeden Tag. Er wusste sich geführt und Gott verbunden, verbrachte auch Stunden im Gebet. Dies war seine Weise, „Gott im Leben eine Chance" zu geben oder vielmehr: „die Chance zu nützen, Gott das Leben zu übergeben".

Es ist eine besondere Gnade, Gott mit einer gewissen Selbstverständlichkeit im eigenen Leben zu wissen. Manche Menschen haben diesen kindhaften und doch nicht naiven Glauben, der den Blick auch immer wieder auf Gott richten lässt. Wer sein Leben „vor dem Angesicht Gottes" lebt, weiß sich stets angerufen, stets gerufen und gesandt. Es lebt sich ganz anders, wenn man in der Gegenwart Gottes lebt; es ist wie die haltgebende Gewissheit: Da ist jemand.

Wenn ein Mensch zum Glauben kommt, ändert das alles! In zwei Bildern: Wenn ein Mensch zum Glauben kommt, kann das verglichen werden mit einem Wohnungslosen, der eine Adresse und ein Heim findet, da ist dann ein Ort, an den ich immer zurückkehren kann, auf den ich mich zurückziehen kann, an dem ich bleiben und auch wachsen kann. Es ist schrecklich, auf der Straße zu leben! Es ist eine Belastung, in einer provisorischen Unterkunft zu sein wie Asylwerbende! Gott zu finden ist wie das Geschenk einer Wohnadresse.

Ein anderes Bild: Wenn ein Mensch Gott findet, kann man
das vergleichen mit einem Waisenkind, das sich ohne Eltern
wähnte und dann herausfindet, dass sein Vater oder seine
Mutter doch noch lebt und für das Kind da sein möchte und
da ist. Nach Kriegen gibt es immer wieder solche dramati-
schen Erfahrungen. Thomas Buergenthal beispielsweise war
als Kind in einem Konzentrationslager, wurde von der Mutter
getrennt und fand seine Mutter nach dem Krieg wundersa-
merweise wieder. „Glückskind" nannte er seine Autobiogra-
phie, in der er sein Leben beschreibt. Ein „Glückskind" ist der
Mensch, der Gott findet, den väterlichen, den mütterlichen.
Es entsteht dann ein ganz neues Lebensgefühl, eine ganz
neue Lebensverankerung, ein neues Leben mit einer Staats-
bürgerschaft, die nicht nur irdisch ist. Der heilige Augustinus
hat dieses Bild verwendet, dass eine Christin und ein Christ
in zwei Welten wandeln, in der irdischen Stadt und in der
himmlischen Stadt. Menschen, die mit Gott leben, werden
durchsichtig hin auf Gott.

Don Bosco, der Gründer des Salesianerordens und Apostel der Jugend, war mystisch hoch begabt. Er lebte eine
Gottinnigkeit, die keine Berührung mit der Welt und auch
nicht mit der „armen Welt" scheute. Papst Pius XI. sagte bei
der Heiligsprechung: „Im heiligen Johannes Don Bosco war
das Übernatürliche fast natürlich und das Außergewöhnliche ganz gewöhnlich!" Schöner und ansprechender kann
die Durchsichtigkeit auf Gott hin nicht beschrieben werden. Ignatius von Loyola wiederum benennt es so: „In Gott
eintauchen, um bei den Menschen aufzutauchen!"

Leben auf Gott hin ist Leben im Vertrauen und in der Hoff-
nung darauf, dass Gottes Wille geschehen möge, an uns, durch

uns und in der Welt. Wenn wir das Gebet des Herrn beten, das Vaterunser, so bitten wir jedes Mal: „Dein Wille geschehe." Und wenn wir diese Bitte aussprechen, können wir das vertrauensvoll tun, ohne Sorge, denn wir legen unser Leben in die guten Hände Gottes, der alles lenken und leiten wird, wie es recht ist und bis es recht ist.

GRENZEN

Grenzen stiften Identität: Innerhalb von Grenzen ist etwas dieses und nicht ein anderes. Augustinus sagt: „Geh in dich und du wirst dich finden …" Grenzerfahrungen werden gewöhnlich als beschränkend erfahren. Türen schließen sich. So ist es auch im Glaubensleben. Als ich einmal nach dem Besuch in einer Pfarre beim Wegfahren war, hielt mich eine Frau auf, sie wollte mir noch etwas sagen. Ein Satz aus einer früheren Predigt habe ihr sehr geholfen: „Gott schließt auch Türen!"

Am Anfang des Lebens stehen sehr viele Türen offen. Doch der Mensch muss wählen, kann nicht alle durchschreiten. Entscheidungen werden verlangt: zwischen Gut und Böse oder – viel häufiger – zwischen mehreren guten Wegen. Gott segnet den Weg, den du wählst, andere Türen werden geschlossen. Sich für etwas entscheiden bedeutet immer auch: sterben.

Gerade weil Gott Türen auch schließt, sind unsere Entscheidungen wichtig und gewichtig. Wir können selbst Grenzen setzen, so wie man Wände in einem Haus einzieht; diese Wände können dann aber auch neue Möglichkeiten eröffnen, wie ein eigenes Zimmer für ein Kind. So schenkt eine Grenze oftmals auch Freiheit.

Gott schließt keine Tür, ohne andere zu öffnen – das ist eine meiner tiefsten Erfahrungen.

Wir lesen in den Abschiedsreden Jesu im Johannesevangelium, dass im Haus des Vaters viele Wohnungen sind. Diese Wohnungen haben, um im Bild zu bleiben, Türen, die Gott öffnet; und wenn Gott eine Tür zu einem Zimmer öffnet, kann ich nicht gleichzeitig durch eine andere Tür gehen. Die Wohnungen im göttlichen, himmlischen Haus bieten Schutz und „das Eigene" im Haus des Vaters, kurz: sie haben Grenzen.

Grenzen schränken nicht nur ein, sie können auch überschritten werden. Das oben genannte Zitat von Augustinus geht weiter: „Geh in dich und du wirst dich finden, aber bleibe nicht … steige über dich hinaus. Und du wirst Gott finden."

Wer über sich hinaussteigt, übersteigt Grenzen, oftmals enge Grenzen. In der Philosophie spricht man mitunter von Grenzen als von Begrenzungen, die entweder gegeben sind oder verschoben werden können. Gegebene Grenzen – etwa unsere gegebene Herkunft – sind in Liebe anzunehmen, das ist ein Zeichen von Weisheit. Verschiebbare Grenzen verlangen uns eine Entscheidung ab: wie wollen wir mit dieser Grenze umgehen? Hier findet man auch das Motiv, dass das Verschieben einer Grenze in eine Richtung einen ersten Schritt eröffnet, dem bald ein zweiter folgen kann, bis die Grenze gänzlich fällt, weil sich hier eine Eigendynamik eingeschlichen hat – ähnlich wie bei einem rutschigen Abhang: Ich mache einen Schritt auf diesem Abhang, dann rutsche ich aus und schlittere den ganzen Hang hinunter. Deswegen ist der erste Schritt beim Verschieben einer Grenze – die erste Atombombe,

die Einführung einer bestimmten Steuer, der erste Alkohol-
konsum – ein heikler Schritt. Das ist auch immer wieder im
Rahmen der Kirche und der kirchlichen Lehre der Fall.

Oberstes Gebot ist, Grenzen grundsätzlich anzuerken-
nen. Es stimmt, Grenzen sind verschiebbar. Doch das verlangt eine hohe Verantwortlichkeit dem ursprünglichen
Anliegen gegenüber, das Grenzen schützen wollen. Dazu
ein Beispiel aus meiner franziskanischen Tradition: Die
Spiritualitätsgeschichte zeigt, dass die Franziskaner immer aus guten Gründen Änderungen durchgeführt haben,
wie im Falle der Krankenversicherung. Lange Zeit meinte
man, ein Franziskaner dürfe aus Armutsgründen nicht versichert sein. War jemand krank, brachte man den Bruder
in das nächstgelegene Ordensspital. Dort wurde er gepflegt
und behandelt. Die Brüder boten im Gegenzug Kranken-
hausseelsorge, Exerzitien, Predigten und Beichthören an.
Aber als die Ordensleute immer weniger wurden und die
Behandlung von Krankheiten immer teurer (z. B. Trans-
plantationen), entstand unter den Brüdern eine intensive
Diskussion. Das Hauptargument für die Versicherung lautete, nur Reiche könnten sich erlauben, nicht versichert zu
sein. Franziskus würde sich in der heutigen Zeit versichern
lassen. Ein unschlagbares Argument. Aber was geht dabei
verloren? Das ursprüngliche Wagnis, sich arm und ohne
Macht in die Nachfolge Jesu Christi zu begeben. Es stimmt,
Franziskus würde sich heute versichern lassen, doch er würde entdecken, worin das Wagnis in der heutigen Zeit besteht. Wenn man Grenzen verschiebt, gilt es nicht nur den
Gewinn im Auge zu haben, sondern auch das, was unwei-
gerlich verloren geht.

Wer Grenzen hinter sich lässt, lässt etwas zurück, gibt etwas auf, verliert etwas. Mitunter zugunsten eines Gewinns. Wenn es darum geht, sogenannte „heiße Eisen" in der Kirche anzusprechen – die Fragen nach dem Umgang mit wiederverheirateten Geschiedenen, homosexuellen Menschen, Diakoninnenweihe, Zölibat (um nur vier Beispiele zu nennen) –; wenn es also darum geht, solche heißen Eisen zum Thema zu machen, kann man sich fragen, was denn „gute Gründe" dafür sind, solche Themen zu behandeln. Hier kann man etwa veränderte Lebensumstände und besondere Erfahrungen der Menschen anführen, kulturelle Entwicklungen, Veränderungen in anderen kirchlichen Bereichen. Und dann kann und muss man sich fragen, was verloren geht, wenn man in einer bestimmten Weise und Richtung denkt und handelt.

Entscheidend beim Umgang mit Grenzen ist der realistische (damit: demütige) Blick sowie der achtsame Blick auf den Einzelfall und auf das Ganze.

Dem Menschen sind Grenzen gesetzt, immer und überall. Ob sie eng oder weit gezogen sind, hängt von verschiedenen Faktoren ab. Selbst dort, wo sie ihre Berechtigung haben, sind sie nicht endgültig. So sind für den Einzelnen oder für Teilgruppen Grenzüberschreitungen möglich, ohne den Anspruch auf das Ganze zu erheben. Die Freiheit, neue Wege zu gehen, verlangt jedoch ein hohes Maß an Selbstverantwortung. Bei unserem Besuch in Rom bei Papst Franziskus haben die Bischöfe dieses Thema angesprochen und die jeweilige Zuständigkeit in konkreten Situationen diskutiert. Der Papst hat uns ermuntert, die Verantwortung für unsere Bereiche zu übernehmen, auch wenn das bedeutet, eine Grenze zu überschreiten, aber auch die Demut aufzubringen, zurückzugehen, wenn man zur Einsicht kommt, dass nicht die ganze Welt so denkt.

Da geht es auch um den Blick auf das Ganze, um den Dienst an der Einheit. Ignatius von Loyola hat seine Jesuitenoberen ermahnt, dass sie als Leitungspersonen vor allem die Verant-wortung für das Ganze haben, die Sorge um die Einheit.

Bischöfe haben Verantwortung für die Einheit, für das Ganze. Eigenwege dürfen in keine Spaltungen führen. Die Kirche gleicht einem Großmolekül, in dem das Einzigartige und das Allgemeine nicht zu sehr auseinanderdriften, sondern in einer Synthese verbunden bleiben sollen. Zuweilen kann es zu großen Spannungen kommen. Ich nenne das Beispiel „Gewissen". Dieses kann erlauben, eigene Wege zu beschreiten, die nur für den Einzelnen Gültigkeit haben. Das Gewissen ist und bleibt die letzte persönliche Instanz. Dennoch bedarf es der Orientierung, braucht es Regeln und Gesetze. Orientierung ohne Gewissen ist Dogmatismus, der übersieht, dass es Gott immer um die konkrete Person geht. Gewissen ohne Orientierung ist Individualismus, der den Volk-Gottes-Charakter der Offenbarung übersieht: Denn wer glaubt, ist nie allein. Das meint auch das Wort von Papst Franziskus bei der Synode: das Gewissen nicht ersetzen, sondern helfen, es zu entdecken.

Das Gewissen ist eine kostbare, manchmal leise innere Stimme. Der englische Theologe Joseph Butler (ein angli-kanischer Bischof im 18. Jahrhundert) hat das Gewissen als „Wahrnehmung des Herzens" beschrieben, als Organ, das Verstehen erfühlt. Das Gewissen regt sich „im Innersten" des Menschen, den es prägt, von dem es aber auch geformt wird. Das „Wissen" des Gewissens ist persönliches Wissen um

Gut und Böse, Recht und Unrecht. Es formt unseren Sinn für Verpflichtungen und unser Verständnis davon, was selbstverständlich zu einem redlichen Menschen gehört. Wenn wir uns für etwas schämen, hat dies viel mit dem Gewissen zu tun. Und diese Frage „Wofür schäme ich mich oder würde ich mich schämen?" ist eine wichtige Lebensfrage. Scham ist „Empfindung verletzter Selbstachtung", „wessen wir uns schämen, das bestimmt ja unseren Lebensplan", schreibt der einflussreiche amerikanische Philosoph John Rawls. Das Gewissen ist mit unserem moralischen Schamgefühl verbunden. Menschen, die wir als „unverschämt" empfinden, sehen wir häufig auch als „gewissenlos".

Denn tatsächlich wird das Gewissen von unseren Erfahrungen geformt. Wir können die Stimme des Gewissens schulen, aber auch übertönen. Der Punkt, an dem wir sagen „Das kann ich nicht tun, das kann ich nicht mit meinem Gewissen vereinbaren", dieser Punkt kann sich verschieben, gerade auch durch das Umfeld, in dem wir leben. Wenn alle anderen etwas als selbstverständlich ansehen, wird es unser Gewissen nach und nach weniger und weniger belasten. Ein Beispiel: Jacqueline Novogratz arbeitete in einer großen Bank in der Wall Street in New York; auf einer Geschäftsreise nach Brasilien sah sie zum ersten Mal in ihrem Leben Straßenkinder und war erschüttert: Die Bank schreibt viele Kredite an vermögende Menschen ab, tut aber nichts für die Ärmsten der Armen! Ganz erschüttert kehrte sie nach New York zurück und teilte ihre Empfindungen mit; ihr Chef antwortete: „Wenn Sie lange genug bei uns bleiben, werden Sie sich schon daran gewöhnen!"

Das ist die Frage der schleichenden Verschiebung der Gewissenslinien; deswegen ist die Formung und Bildung des Ge-

wissens ganz entscheidend. Die angesproche Einsamkeit des Gewissens ergibt sich daraus, dass man stark und mutig sein muss, um zu seinem Gewissen zu stehen, selbst wenn dieses gegen „alle anderen" steht. Franz Jägerstätter hat es in den 1940er Jahren nicht mit seinem Gewissen vereinbaren können, in Hitlers Wehrmacht zu dienen – so viele haben ihm zugeredet, fast alle anderen sind in den Krieg gezogen. Sein persönliches Gewissen, seine innere Stimme hat ihn Widerstand leisten lassen; für diesen Widerstand haben er und seine Frau, die die Entscheidung mitgetragen hat, den Preis gezahlt und die Verantwortung übernommen, Franz wurde hingerichtet, Ehefrau Franziska hatte eine schwere Zeit als alleinerziehende Mutter. Gewissen und Verantwortung, Gewissen und Redlichkeit, sie gehören zusammen.

Hier ist die Kirche sowohl theologisch als auch pastoral gefordert. Wie gelingt es, das Evangelium in eine Lehre zu übersetzen, die den persönlichen Freiraum vielfältiger, zuweilen gebrochener Lebenswege ermöglicht, ohne die Radikalität des Evangeliums als gemeinsame Adresse zu kompromittieren. Der Ruf nach neuen Superregeln, die uneingeschränkt alles erlauben und doch den Anspruch Jesu, durch die enge Tür zu gehen, nicht verfehlen, führt nicht zum Ziel.

Wir müssen alle lernen, mit offenen Fragen umzugehen, mit offenen Türen umzugehen. Hier gilt es, Spannungen auszuhalten, mit dem nicht abschließend Geklärten und dem nicht verbindlich Geregelten leben zu lernen.

Endgültige Antworten sind im Glaubensleben rar. Wir leben in gewisser Weise im Vorläufigen. Türen können geöffnet sein und doch versperrt. Der Blick auf Jesus lehrt:

Nach 40 Tagen Fasten hatte er Hunger. Der Versucher zeigte ihm offene Türen: Steine zu Brot machen, ein Schriftwort in Erfüllung zu bringen. Die dritte offene Tür zeigte freilich, wohin die Reise geht: in die Anbetung des Versuchers selbst und nicht dessen, dem allein alle Anbetung gebührt, nämlich Gott. Jesus widerstand. Diese Türen waren für ihn geschlossene Türen. Am Ende heißt es: „Es kamen Engel und dienten ihm" (Mt 4,11).

Jesus hat den verlockend offenen Türen widerstanden und ist auf dem schmalen Pfad geblieben. Er hat sich selbst eine Grenze gesetzt; hat „Nein" gesagt zu dem, was ihn von seinem Weg abgebracht hätte. Und gleichzeitig hat Jesus so viele Grenzen gesprengt; soziale Grenzen, weil er mit den Außenseitern seiner Zeit Umgang hatte; Erwartungsgrenzen, weil er eben nicht der machtvolle politische Befreier wurde, der der römischen Besatzung ein Ende gesetzt hätte; aber auch die Grenzen dessen, was die Menschen für möglich gehalten hätten. Das wird etwa besonders deutlich in der Schilderung der Brotvermehrung:

An jenem Abend an einem abgelegenen Ort mit vielen Menschen: Die Jünger – das ist verständlich – haben Sorge und treten an Jesus heran mit der Bitte: „Schick die Menschen doch weg, damit sie in die Dörfer gehen und sich etwas zu essen kaufen können." Die Antwort Jesu muss beim ersten Hinhören doch etwas verblüffen, wenn er sagt: „Gebt ihr ihnen zu essen!", da er doch wissen konnte, wie es um ihre Nahrungsvorräte stand, für so viele Menschen.

„Gebt ihr ihnen zu essen!" Das ist eine gewaltige Überforderung, ein Ausweiten der Grenzen dessen, was Menschen für machbar und auch für erwartbar gehalten haben. Hier

verschieben sich Grenzen der Vorstellungskraft wie auch des Verpflichtungsgefühls. Diese Überforderung ist aber letztlich Einladung zum Vertrauen.

Vom Propheten Elischa (2. Buch der Könige) wussten die Jünger als gläubige Juden: „Denn so spricht der Herr: Essen wird man und noch übrig lassen."

Dennoch vertrauten sie weder dem Wort Gottes noch der Wunderkraft Jesu, sondern tischten eine radikale Lösung des Problems auf: „Schick sie weg! Sie sollen in die Dörfer gehen und etwas zu essen kaufen."

Diese Wegschiebementalität gibt es auch heute, in verschiedenen Ausdrucksformen. Gegen die Logik des Wegschickens wehrte sich eine Hildegard Teuschl – die Begründerin der Hospizbewegung: „Wenn man nichts mehr machen kann", so lautet ihre Maxime, „kann man noch immer viel tun!" Jünger und Jüngerinnen, damals wie heute, neigen zu Hundert-Prozent-Lösungen: Alles oder gar nichts tun. Worauf es vielmehr ankommt, ist, das Unsere zu tun. Nach dem Bild des Evangeliums: unsere zwei Fische und fünf Brote zu Jesus bringen und um seinen Segen bitten. Ein letztes Wort des heiligen Franziskus, kurz vor seinem Sterben, war: „Ich habe das Meine getan, das Eure aber möge Gotte euch lehren."

HOFFNUNG

Anlässlich einer Begegnung mit dem Pfarrgemeinderat im Rahmen einer Visitation kam das Gespräch auf das Problem der wiederverheirateten Geschiedenen. Ich versuchte, die Position der Kirche zu erklären, dabei merkte ich, wie eine Frau zu weinen begann. Hernach sagte sie zu mir, dass sie davon betroffen sei. Sie hatte nach einer sehr schweren ersten zerbrochenen Ehe das Glück in einer zweiten, neuen gefunden. Was mich tief berührte, sie bat: „Wenn Sie nach Rom kommen, bitte sagen Sie, wie es uns geht." Ich habe es ihr versprochen.

Bei meinem ersten Ad-Limina-Besuch als Weihbischof habe ich mich an mein Versprechen erinnert und gefragt: „Welche Hoffnung können wir diesen Menschen geben, die doch ganz der Kirche zugehören, aber nur in pericolo mortis, also nur in Todesgefahr, die Kommunion empfangen dürfen?" Die Antwort war nicht befriedigend: „Man kann nicht zweimal heiraten."

Wovon lebt die Hoffnung? Die Hoffnung lebt von der Aussicht auf Wandlung und Lösung; die Hoffnung wird genährt von guten Erfahrungen und keimhaften Anfängen von Neuem. Dieses Nähren von Hoffnung ist dort besonders wichtig, wo Menschen „sich plagen und schwere Lasten zu tragen haben", wie es Jesus im Evangelium ausdrückt (Mt 11,28). Echte Hoffnung ist Trost für Leidende.

Woher kommt dem Menschen Hoffnung zu? Peter Wust, ein tief mit dem Glauben ringender Philosoph, hat auf seinen Grabstein eine Strophe aus dem mittelalterlichen Hymnus *Dies irae* schreiben lassen:

Qui Mariam absolvisti

Et Ladronem exaudisti

Mihi quoque spem dedisti

Ich darf Satz für Satz übersetzen und kommentieren: „Der du Maria losgelöst hast" bedeutet, die Kirche glaubt von Maria, dass sie von Anfang an von jeglicher Sünde bewahrt wurde. „Und der du den Räuber erhört hast" bezieht sich auf den rechten Schächer, einen Räuber, der mit Jesus gekreuzigt wurde und ihn in der letzten Stunde bittet: „Wenn du in dein Reich kommst, denk an mich, Herr!" Damit ist uns ein zweifacher Blick eröffnet. Einmal auf die ursprüngliche Gutheit des Menschseins, wie es von Gott her gedacht und ohne Sünde geschaffen ist. Der andere Blick zeigt das Menschsein in seiner Gebrochenheit. Aus diesem zweifachen Blick geht Hoffnung hervor: „Du hast auch mir Hoffnung gegeben", besagt die dritte Zeile auf dem Grabstein. Grundsätzlich soll niemand ausgeschlossen sein. Das dürfen wir hoffen.

Die Sehnsucht nach Hoffnung, die wir hier vorfinden, wird nicht mit einem Festhalten am „Bisher" gestillt werden können; hier muss sich etwas bewegen. Mit gutem Grund wird der Heilige Geist, der bewegt und Hoffnung gibt, auch „Beistand" und „Tröster" genannt. Wie zeigt sich das Wirken des Geistes in diesen Fragen und in diesem Hunger nach Hoffnung?

Die Spannung ist groß, aber sie darf nie so groß sein, dass es gar keine Hoffnung gibt. Der Blick auf das Bild von Idealgestalt und scheinbar letzter Gebrochenheit zeigt, dass es keinen Ort ohne Hoffnung geben darf. Diese zu benennen und fruchtbar zu machen ist bleibende Aufgabe der Kirche. Das hat Geltung für Menschen, die trotz anderer sexueller Orientierung im Glauben den Kontakt mit Gott suchen. Es kann nicht sein, dass gelebte Treue, Fürsorge und Hingabe nicht gut sind und somit auch Gott wohlgefällig. Ich denke auch an jene Priester, die ihr Amt niedergelegt haben und nach strenger Regelauslegung keinen kirchlichen Dienst ausüben dürften.

Das sind tiefe und auch schmerzhafte Fragen, denn sie beschäftigen sich mit Wunden und verwundbaren, verletzten Menschen. Es ist schon ein erster Trost, zu sehen, dass kirchliche Würdenträger ernsthaft mit diesen Fragen ringen und sich nicht hinter geglätteten, floskelhaften Antworten verstecken, die wie Mauern aufgebaut werden. Fragende Bischöfe, hörende Bischöfe mögen ein Zeichen unserer Zeit sein. Denn gerade wenn man Bischöfe als Lehrer anerkennt, als diejenigen, die das Lehramt der Kirche in besonderer Weise ausüben, wissen wir, dass gute Lehrerinnen und Lehrer gut zuhören können. John Hattie, ein bekannter Bildungsforscher, hat herausgefunden, dass ein guter Lehrer Raum gibt, ein gutes Klima schafft, nicht selbst den meisten Raum einnimmt. So hängt „Hoffnung in der Kirche" wesentlich auch mit Menschen zusammen, die Hoffnung geben – aus dem Geist heraus, der uns beisteht.

Diesen Geist haben wir bitter nötig, denn manchmal könnten wir ganz mutlos werden angesichts des Elends in der Welt.

Schreckliche Dinge geschehen. Ich denke an das Bild des toten Flüchtlingskindes, angeschwemmt am Strand liegend; wahrscheinlich ist es aus dem Boot gefallen, man weiß es nicht genau, oder noch schlimmer, es wurde ins Meer geworfen. Schrecklich, das ist Realität! Ein kleines Kind, wenige Jahre jung, wird von den Fluten wie Müll an den Strand geschwemmt.

Wie kann hier Hoffnung in die Welt kommen? Hoffnung ist wie ein zartes Pflänzchen, das gehegt und gegossen werden muss. Das Aufbauende ist, dass wir selbst Hoffnung säen können, durch kleine Taten und große Pläne. Menschen können Gärtner sein im Garten der Hoffnung. Und Christinnen und Christen sind eingeladen, „wider alle Hoffnung" zu hoffen. Und dies auch in ihrem Leben zu bezeugen.

Beim heiligen Apostel Paulus lesen wir: „Hoffnung, die man schon erfüllt sieht, ist keine Hoffnung." Christsein bewegt sich in einer gewissen Vorläufigkeit, wir sind unterwegs, das Letzte steht noch aus. Hoffnung leben bedeutet, nie ganz angekommen zu sein. Das Ziel liegt immer noch vor uns. Wir haben es noch nicht erreicht. Die Tür für sehnsüchtig Leidende darf nie ganz geschlossen sein. Die Sakramente der Buße und Eucharistie sind für christliches Leben derart wichtige Angelpunkte, um nicht zu sagen überlebenswichtige Stützen, da kann es nicht sein, dass jene, die sich redlich bemühen, Christsein ernst zu nehmen, den größten Teil ihres Lebens davon ausgeschlossen sind.

Ohne Hoffnung kann der Mensch nicht leben; deswegen ist die Hoffnung, die die Kirche den Menschen geben kann, so wichtig. Hoffnung ist Lebensquelle; Tiziano Terzani, ein bedeutender italienischer Journalist, hat, gezeichnet von einer

Krebserkrankung, geschrieben: Hoffnung ist das meistverlangte Gut. Wenn Menschen die Hoffnung genommen wird, schwindet die Lebenskraft. In der Literatur aus und über Konzentrationslager ist der Begriff des „Muselmanns" geprägt worden. Er bezeichnet in der Regel den Menschen, dessen Widerstand gebrochen ist, der die Hoffnung aufgegeben hat, der nur mehr auf das Sterben wartet, der sich gehen lässt, der nicht mehr um sein Überleben kämpft, dessen Lebenswille erschöpft ist.

Ohne Hoffnung kann der Mensch nicht leben. Menschen, die schwere Lasten zu tragen haben, brauchen Hoffnung. Denken wir an die Situation der geschiedenen Menschen, die wieder geheiratet haben; sie hoffen – wie alle Christinnen und Christen! – auf das Erbarmen und die Barmherzigkeit Gottes. Das tun wir alle; denn es wäre geistlich aberwitzig, überheblich und vermessen, an die Gerechtigkeit Gottes appellieren zu wollen. Wir alle sind auf die Barmherzigkeit Gottes angewiesen. Nun muss die Hoffnung auf diese Barmherzigkeit genährt werden. Und es stellt sich doch die Frage, ob Papst Franziskus mit seiner Aufforderung, jeweils auf den besonderen Fall zu schauen, nicht ein Lebensmittel in die Hand gibt, ein Mittel zum guten Weiterleben in Hoffnung. Es ist ja auch kein Geheimnis, dass diejenigen, die am meisten unter der kirchlichen Ehelehre leiden, jene Menschen sind, denen die Kirche am meisten bedeutet. Welche Hoffnung können wir Menschen geben, die leiden?

Hoffnung will in eine Lebensform gegossen sein; ein berühmtes und inspirierendes Beispiel für ein Leben aus der Hoffnung ist Francis Xavier Văn Thuân, der als eben ernannter Bischof von Saigon inhaftiert wurde, um dann dreizehn lange Jahre im Gefängnis zu verbringen, davon neun Jahre in Isolationshaft. Er beschreibt, wie er mit guten Gedanken die Hoffnung hoch gehalten hat; mit Achtung vor dem jeweilig gegenwärtigen Augenblick; mit Vertrauen in die Kraft des Gebets, mit dem ganz wörtlichen Festhalten an einem Kreuz, mit der Meditation der Heiligen Schrift. Francis Văn Thuân, der keine Bibel in der Zelle hatte, notierte sich alle Sätze, die er auswendig aus der Heiligen Schrift kannte; diese dreihundert Sätze begleiteten ihn während seines Gefängnisaufenthalts und waren Nahrung für den Geist; es ist eine Quelle von Kraft, bestimmte Worte meditieren zu können, bestimmte einfache Sätze immer wieder zu wiederholen, sich an diesen Sätzen festzuhalten.

Hoffnung muss getragen werden; Menschen, die Hoffnung weitergeben und zu Hoffnung inspirieren, sind „Hoffnungsträger". Vielleicht ist das ein besonderes Verständnis von Jesu Einladung, Salz der Erde zu sein – dort weiterzuhoffen und die Hoffnung zu nähren, wo andere aufgegeben haben. Hier muss die Einsicht gelten, dass es in den Augen Gottes keine hoffnungslosen Fälle gibt. Der französische Dichter Charles Péguy hat die Hoffnung mit einem kleinen Mädchen verglichen, das neben seinen großen Schwestern, dem Glauben und der Liebe, unterwegs ist. Wie kann Gott dieses kleine Mädchen nicht glücklich machen wollen?

KIRCHE

Wir müssen bei den Erfahrungen der Menschen ansetzen –
so hat es auch Jesus gemacht, wenn er in seinen Gleichnissen
und bei seinen Heilungen die Lebensrealität der Menschen
berücksichtigt hat. Das steht aber nicht nur im Evangelium.

Die Philosophie, die für mich die Wissenschaft ist, welche die Wirklichkeit des Lebens in seiner Gesamtheit und in seinem letzten Grund zu erfassen versucht, kennt ein Prinzip: Erkenntnis beginnt mit Erfahrung.

Es ist ein wichtiges Merkmal des Zweiten Vatikanischen
Konzils, dass die Erfahrungen von Menschen „in der Welt von
heute" ernst genommen werden; was erleben die Menschen?
Was beschäftigt die Menschen? Was macht ihren Alltag aus?
Was schreiben sie ins Buch des Lebens, was lesen sie im Buch
der Welt?

Der hl. Bonaventura spricht vom Buch des Lebens. Der Einzelne beginnt nie auf leeren Seiten zu schreiben, er findet immer schon Geschriebenes vor. Seine Aufgabe ist es, weiterzuschreiben. Mit anderen Worten: Wir beschreiten gegangene Wege und gehen eigene, durchaus vergleichbar mit Bergwanderungen. Der Salzburger Untersberg gilt als gefährlich. Aufs Geratewohl einen neuen Weg zu beschreiten ist verantwortungslos. Es gibt Pfade und Steige, auf denen viele gegangen und an ihrem Ziel angekommen sind.

Zu meinem 60. Geburtstag pilgerte ich nach Santiago de Compostela. Es war eine echte Wohltat, dem Pilgerweg zu folgen, der von so vielen Menschen seit Jahrhunderten gegangen wird. Einmal bin ich vom Weg abgekommen, weil ich im Finstern losgegangen war. Die Suche allein in mir kann nicht zum Erfolg führen, der richtige Weg ist nie nur allein mein eigener Weg.

Es ist eine befreiende Entlastung, einer Traditionsgemeinschaft anzugehören, einer Gemeinschaft mit einer Geschichte, die mir die Anhaltspunkte von Tradition und Lehre gibt. Und doch muss ich meinen eigenen Weg finden. Papst Johannes XXIII. hatte als junger Priester erkannt, dass er sich heiligmäßige Menschen zum Vorbild nehmen konnte, aber trotzdem den Weg zum Heiligsein auf seine eigene Weise, als Angelo Roncalli (so sein bürgerlicher Name), finden musste. Das gilt auch für die Suche nach dem persönlichen und unersetzbaren Platz in der Glaubensgemeinschaft.

Natürlich werden neue Wege erschlossen. Wege tragen oft den Namen von Erstbesteigern. Mein Ordensvater, der heilige Franziskus, ist ein lebendiges Beispiel dafür. „Leben und Regel ist es, den Fußspuren unseres Herrn Jesus Christus nachzufolgen", betonte er. Er wollte keinen ganz neuen Weg beschreiten, ursprünglich auch keinen Orden gründen. Offensichtlich war das nicht sein Weg. Dann gesellten sich Brüder um ihn, die seinen Weg mitgehen wollten. So entstand eine Weggemeinschaft. Und diese Gefährten bestimmten den Weg auch mit. Der Weg der Gemeinschaft war für Franziskus dann nicht mehr der ureigene Nachfolgeweg. Darunter hatte der Heilige aus Assisi viel zu leiden. Vor diesem Hintergrund kann man das Wort verstehen: „Es gibt zu viele Minderbrüder." Denn die Logik der Wenigen ist nicht deckungsgleich mit jener der Vielen.

Die Wege des Herrn, so sagen wir, sind unergründlich; das gilt wohl auch für die Art und Weise, in der Gott die Gemeinschaft führt. Wir dürfen ringen mit dieser Gemeinschaft, mit der Tradition, ja mit Gott selbst, aber dieses Ringen muss dazu führen, dass Gottes Gegenwart, das Reich Gottes, das Leben in Fülle wachsen können.

Die Kirche ist Hüterin des Glaubens und das Leben ein Zwillingsbruder des Glaubens. Glaube möchte sich als hilfreicher Wegbegleiter des Lebens erweisen. Treffend schreibt der Prophet Jeremia: „Glaubt ihr nicht, so bleibt ihr nicht" (Jes 7,9). Kirche als Ursakrament hat eine dem Leben dienliche Aufgabe.

Das ist eine Kernfrage für uns, für die Kirche, für unser Leben in der Kirche: Was dient dem Leben? Was vermehrt das „Ja" zum gottgewollten Leben? Was lässt das Licht der rechten Lebensfreude strahlen? Die Kirche ist bemüht, dieses „Ja" zum Leben, auch wenn es schwer fällt und mit Belastungen verbunden ist, zu stützen und zu ermöglichen. Ja zum Leben, auch wenn man chronische Schmerzen hat! Ja zum Leben, auch wenn man ein Verbrechen begangen hat! Ja zum Leben, auch wenn die finanzielle Lage aussichtslos scheint! Ja zum Leben, auch wenn man sterbenskrank ist!

Kirche sagt „Ja" zum Leben, „Ja" zum Menschen, auch in der Widrigkeit. Diese Bejahung gründet im endgültigen „Ja" Gottes zu den Menschen. Deswegen glaube ich: Es braucht eine sakramental verfasste Kirche. Glaube ohne sie führt in eine heillose Überforderung. Der einzelne Glaubensvollzug, der endliche Mensch wird in Fragen des Letzt-Gültigen mit seinen begrenzten Gesellschaftsformen ohne Antworten eincr sakramental verfassten Institution nicht auskommen können.

Wer, wenn nicht die Kirche, wird den Dienst an der Menschheit leisten? Gegen den Zeitgeist die Unantastbarkeit hochhalten? Die Menschen auf ihre Grenzen hinweisen, darauf, dass der Mensch ein endliches Wesen ist, dessen Grundzug es ist, über gesetzte Grenzen hinweg Ausschau zu halten? Darüber hinaus braucht es eine Glaubensinstanz, die den Einzelnen in seiner unwiederholbaren Einmaligkeit und Einzigartigkeit schützt. Ohne institutionell verfassten Glauben vermögen wir gewisse Standards der Humanität nicht zu halten. Ich darf an dieser Stelle aus einem Interview von Leszek Kolakowski zitieren, welches er kurz vor seinem Tod gegeben hat und das post mortem in der Zeitung „Die Welt" veröffentlicht wurde. Der polnische Philosoph sagte da: „Offensichtlich können Einzelne hohe moralische Standards aufrecht erhalten und zugleich areligiös sein. Dass auch Zivilisationen das können, bezweifle ich. Welchen Grund gäbe es ohne religiöse Traditionen, die Menschenrechte und die Menschenwürde zu achten? Was ist Menschenwürde, wissenschaftlich gesehen? Aberglaube? Empirisch gesehen sind die Menschen ungleich. Wie können wir Gleichheit rechtfertigen? Die Menschenrechte sind eine unwissenschaftliche Idee."

Eine Welt ohne Kirche mag für manche eine befreiende Vorstellung sein; aber man kann sich schwer ausmalen, wie Leben ohne Glauben und Glaubensleben ohne Gemeinschaft aussehen soll. Die Kirche hat in ihrer Geschichte schon so viel überstanden, sie kann so viele Geschichten erzählen wie ein zweitausend Jahre alter Baum (die japanische Sicheltanne Jōmon Sugi auf dem Mount Takatsuka in Yakushima hat dieses Alter!). Die Kirche ist erstaunlich stabil, über all die Irrungen und Wirrungen der Zeit hinweg. Wie das?

Sucht man nach dem letzten Wesensgrund von Kirche, so liegt er wohl in der Berührung mit Gott. Daran ist sie zuallererst zu messen, ob sie der Sehnsucht der Menschen, über das rein Menschliche hinaus, dient. Was wird am Ende die Frage Gottes sein? Die Frage Jesu: „Wird der Menschensohn, wenn er wiederkommt, noch Glauben finden?" (Lk 18,8). Was ist unsere Zeit in Gefahr zu verlieren? Ist es nicht der Gottesglaube, den Jesus bei jenen, zu denen er sich gesandt weiß, vermisst? In Nazareth, wo er an die dreißig Jahre lang verborgen das Dorfleben teilte – wie gewohnt ging er am Sabbat in die Synagoge –, wunderte er sich über den Unglauben seiner Landsleute. Andererseits staunte er über den Glauben eines heidnischen Hauptmanns, der aus Sorge um seinen Diener Heilung erflehte. Jesus tritt mit dem Anspruch auf, dass Bäume Früchte bringen. Die Aufgabe des Gärtners ist es, das Umfeld so zu pflegen, dass der Baum Früchte bringen kann. Das ist eine Aufgabe von Kirche zu jeder Zeit. Auch wir werden einst daran gemessen werden, ob wir das Unsere glaubend getan haben.

Diese Aufgabe wird nicht weichen; und solange es Sehnsucht nach dieser Sehnsucht gibt und sie geweckt werden kann, dient die Kirche dem Leben. Aber natürlich gilt auch für die Kirche: Christus muss wachsen! Damit Christus wachsen kann, muss die Kirche immer wieder zu den Quellen, zur Berührung mit Gott zurückgehen.

Kirche ist nicht nur Weggemeinschaft, sie ist auch eine große Lerngemeinschaft. Nach einem alten lateinischen Spruch heißt es, *ecclesia semper reformanda*, Kirche muss sich immer neu reformieren. Hiermit ist nicht vordergründig und zuerst eine strukturelle, organisatorische Änderung gemeint, sondern der Auftrag, sich immer wieder neu nach der Quelle unseres Glaubens auszurichten. Ich möchte dies mit einem Bild illustrieren. Kirche ist mit einem Fluss vergleichbar, der durch die Menschheitsgeschichte fließt. Die Quelle heißt Jesus, von der Quelle bekommen Flüsse oft ihren Namen. Der Name bezeichnet das Wesen. Das Flussbett ist vergleichbar mit der Kirche. Nun gibt es eine große Besorgnis, viele Aktivitäten, um das Flussbett schöner, ansehnlicher zu gestalten. Manch einer hatte schon gemeint, das Flussbett müsse betoniert werden, um den Lauf des Wassers zu gewährleisten. Wieder andere meinen, das Flussbett sei beliebig veränderbar. Doch die erste Sorge und Frage muss wohl sein: Welches Wasser fließt noch? Ist es reines Quellwasser oder ist der Fluss durchtränkt mit Abwässern? Nur ein Fluss, der sich aus der Quelle speist, kann ein gesunder Fluss sein.

So muss die Kirche immer wieder zurück zu den Quellen gehen und aus diesen Quellen trinken; und der manchmal bittere Kelch, den sie trinkt, lässt sie zur Zeugin der Liebe Gottes werden.

Kirche muss immer wieder neu Maß nehmen am barmherzigen Vater, der – wie es im Evangelium berichtet wird – den Sohn sogar ziehen lässt. Er wartet auf ihn, sieht ihn von weitem kommen, in der Passivität ist er aktiv. Das Gleichnis spiegelt die heutige Situation wieder. Menschen gehen weg von der Kirche. Was tun wir? Warten wir sehnsüchtig auf ihr Zurückkommen? Wahre Umkehr, Berufung gründen in Gott, Kirche kommt gerade darin eine dienende Aufgabe zu, sie spielt nicht die Hauptrolle. Es braucht auch Nebenrollen, um in der Theatersprache zu bleiben, die sehr wichtig sind. Mit anderen Worten: uns stehen nicht die Antworten zu, sondern das Fragen, das Entdeckenhelfen, was Gott immer schon getan hat. Gerade jungen Menschen soll man nicht ein fertiges Glaubensgebäude überstülpen, sondern sie in ihrer Eigenständigkeit ernst nehmen.

Was die Kirche braucht, sind Menschen lebendigen Glaubens, die glaubwürdig aus der Kraft der liebenden Barmherzigkeit Gottes leben; das ist mit Zynismus oder Verbitterung, mit Selbstgefälligkeit und religiöser Arroganz derjenigen, die glauben, keine tiefen Fragen mehr zu haben, nicht vereinbar.

Ein Urbild für Kirche sind für mich der greise Simeon und die betagte Hanna. Die gerecht und fromm sind, warten können, ohne abzustumpfen, sich mit Vorletztem nicht zufrieden geben, in deren Herzen eine Sehnsucht brennt: den Herrn, das Heil unserer Welt zu sehen.

LEIDEN UND SCHEITERN

Von Natur aus neige ich zum Mürrischsein, vor allem am Anfang von Begegnungen und bei Menschen, die ich gut kenne und eigentlich gerne mag. Besonders stark wirkte sich diese Untugend zu Hause aus, wenn ich von längeren Aufenthalten fern der Heimat zurückkam. Die Gespräche in solchen Momenten waren karg, und bei mir saß das „Nein" allzu locker. An eine solche Begegnung muss ich immer noch mit Wehmut denken. Meine Mutter war schon alt und gebrechlich, aber sie schaffte es noch, allein den Haushalt zu führen, und ich kam von einem längeren Aufenthalt wieder heim. Kaum hatte ich das Haus betreten, war die Neigung zu reden sehr reduziert. Die Mutter wusste es und stellte nicht viele Fragen, nur, ob sie mir ein Mahl bereiten solle. Mein Antwort war kurz und schnell: „Nein!" Heute denke ich traurig daran, denn es wäre das letzte Essen gewesen, das sie mir zubereitet hätte. Bei meinem nächsten Besuch war sie dazu nicht mehr fähig, sie hatte inzwischen das letzte Wegstück ihres Lebens eingeschlagen. Wie oft denke ich nach, wie wohl jenes Essen geschmeckt hätte. Ich aber habe die Stunde, die für sie und mich gekommen war, nicht erkannt.

Leiden am Unwiederbringlichen, am Verlorenen, am Nicht-getanen ist Teil unseres Lebens; darin liegt auch ein Aspekt von Tiefe des Lebens und Würde des Menschen, dass Unum-kehrbares getan werden kann. Wir gehen durch das Leben und wir werden verwundet, weil wir verletzbare Wesen sind. Da kann einem schon der Gedanke kommen, wenn man in die Wiege eines Säuglings blickt, der munter lacht: Wie viele Wunden werden dich noch auf deinem Lebensweg ereilen, die dann wörtlich und im übertragenen Sinn Falten auf dein jetzt glattes Gesichtchen treiben werden!

Dieser Gedanke ist nicht notwendigerweise dunkel, ist es doch tatsächlich ein Gesetz des Lebens, dass wir als Pilger mit einem Rucksack unterwegs sind, in den mehr und mehr Erfah-rungen, freudige und leidvolle, gefüllt werden. Diese „Schwe-re" des Rucksacks macht auch eine gewisse „Tiefe" aus. Und im guten Fall trägt der Rucksack auch dazu bei, dass wir auf dem Boden bleiben und dass wir nicht zu schnell durchs Leben eilen, sondern durch den Rucksack langsamer werden.

Messen kann man das Gewicht dieses Rucksacks freilich nicht; wir wissen nur, dass jeder Mensch einen Rucksack trägt. So kann man auch „Lebenslasten" nicht vergleichen. Man kann Leiden und Lebensschwere nicht berechnen und vermessen und vergleichen.

Wie oft denke ich an meine Eltern: Der Vater verbrach-te fünf Jahre seines jungen Lebens im Krieg, zwei in Ge-fangenschaft; die Mutter musste ihren eigenen Vater, der im Kampfgetümmel umgekommen war, in einer Kiste im Obstgarten begraben. Die Oststeiermark war Frontgebiet, da war an feierliche Begräbnisse nicht zu denken. Meine El-tern sind am Sinn des Lebens dennoch nicht zerbrochen, sie haben den Glauben nicht verloren, sondern vielmehr das Glaubensgut der Kirche mit ihrem Lebenszeugnis angereichert und weitergeschrieben.

Die Eltern von Erzbischof Franz haben das Motiv dieses Buches gelebt: Christus muss wachsen, wir müssen kleiner werden! Das Kleinerwerden kann in vielen Weisen und auf vielerlei Wegen geschehen.

Das Kleinerwerden, das uns abverlangt wird, findet sein Urbild in der Passion Jesu. Am Palmsonntag – der Beginn der Karwoche – wird die Leidensgeschichte Jesu gelesen.

Was sehen wir in der Leidensgeschichte? Welche Größe Jesu zeigt sich da? Wir sehen, dass Jesus im Leiden aufrecht bleibt, dem Leiden als Preis für sein Leben nicht ausweicht, nicht andere in das Leiden hineinzieht. Sein Wirkkreis wird kleiner, er wird gefesselt, er wird ans Kreuz genagelt. Sein Tod enttäuscht viele Menschen, die durch seine Hinrichtung die Mission Jesu als gescheitert ansehen. In Jesus zeigt sich das Kleinerwerden in so vielen Weisen. Das Einüben des Kleinerwerdens in einem rechten Sinn ist eine geistliche Grundaufgabe.

Der heilige Franz von Assisi wird *alter Christus* – ein anderer Christus – genannt. Christus ähnlich zu werden war sein großes Lebensziel. Von ihm wird gesagt, er konnte am Ende seines Lebens den Tod als Bruder begrüßen, weil er im Leben so oft gestorben ist. Diese kleinen Schritte des sich Zurücknehmens führten ihn auf La Verna, zwei Jahre vor seinem wirklichen Sterben, zu einem Zeitpunkt, als Franziskus sich innerlich leer und ausgebrannt fühlte, als ob Gott sich von ihm abgewandt hätte. Er vernahm seine Stimme nicht mehr, wie es ehedem durch das Säuseln des Windes und das Fließen des Wassers geschehen war. La Verna – franziskanisches Golgota genannt –, dort wollte der Heilige so lange im Gebet verharren, bis Gott wieder zu ihm spricht. Es scheint fast so, als ob ein ungleicher Dialog stattfände und Gott ihm sagt: „Franziskus, das ist ein anderes Wort, das Wort des Kreuzes. Du kannst es nicht hören, ohne dass es dich verwundet." Aber Franziskus war zu sehr in Gott verliebt, um auf halbem Weg stehen zu bleiben. Gott sprach und Franziskus blieb als ein Gezeichneter des Kreuzes zurück, fortan trug er die Wundmale des Leidens Jesu an seinem Leib. Von diesem Zeitpunkt an ist Franziskus ein zutiefst Versöhnter, er kämpft nicht mehr, ist im Frieden mit sich, den Mitmenschen und Gott.

In dieser Erfahrung liegt ein Mysterium, das uns schweigen lässt. Eine glatte „Theorie des Leidens" lässt sich hier ebenso wenig ableiten wie eine „geistliche Anleitung zum rechten Leiden". Hier wird ein ganz persönlicher Weg beschrieben. Ein Weg, der aus der Enge in die Weite führte, aus der Unbeschwertheit aber auch in die Tiefe des Leidens.

Im zweiten Korintherbrief schreibt Paulus (4,8ff): „Von allen Seiten werden wir in die Enge getrieben und finden doch noch Raum; wir wissen weder ein noch aus und verzweifeln dennoch nicht; wir werden gehetzt und sind doch nicht verlassen; wir werden niedergestreckt und doch nicht vernichtet. Wohin wir auch kommen, immer tragen wir das Todesleiden Jesu an unserem Leib". Diese Stelle spricht mich auf besondere Weise an. Ich will ehrlich fragen: Tragen wir das Todesleiden an unserem Leib? Geht dieser Riss durch unsere ganze Existenz hindurch? Sind wir in unserem Herzen, dem Ort wundersamster Synthesen, dennoch Gezeichnete des Kreuzes?

Sind wir von der Realität des Leidens betroffen, getroffen, berührt, bewegt? Wenn wir uns vergegenwärtigen, wie andere Menschen leiden und welche Realität des Bösen die Welt prägt, werden wir dann „mitten ins Herz" getroffen, wie es in der Apostelgeschichte nach der Pfingstpredigt des Petrus heißt, und weckt dies in uns die Sehnsucht nach einer besseren Welt und die Ernsthaftigkeit eines Einsatzes für eine bessere Welt? – In der Apostelgeschichte 2,27 lesen wir: „Als sie das hörten, traf es sie mitten ins Herz, und sie sagten zu Petrus und den übrigen Aposteln: Was sollen wir tun, Brüder?" – Gezeichnete vom Kreuz sind wohl Menschen, die dem Kreuz und dem Leiden nicht das letzte Wort überlassen wollen, die aber auch die Demut haben, zu wissen, dass wir das Kreuz, also die Realität des Leidens nicht leugnen können.

Was mich sehr lange bewegt hat, war die Frage, warum die ersten Christen so sehr am Kreuz festgehalten haben. Ist es nicht etwas Vorletztes? Sollten wir nicht viel mehr vom Ziel reden, das doch die Auferstehung ist? Wir dürfen annehmen, gewiss hat es die Versuchung gegeben. Ja selbst bei einem so großen Mann, wie es Paulus war, finden wir diesen Ausweg. In seiner berühmten Rede am Aeropag gegen die Schöngeister der Philosophie spricht Paulus nicht vom Kreuz, sondern von Gott, der die Welt erschaffen hat, der keinem von uns fern ist, der alle einlädt umzukehren, der die Auferstehung von den Toten bewirkt (Apg 17,22–32). In Athen werden seine Worte abgelehnt, so wendet er sich Korinth zu: „Ich hatte mich entschlossen, bei euch nichts zu wissen außer Jesus Christus, und zwar als den Gekreuzigten" (1 Kor 2,2).

Das Kreuz ist nicht bloß bitterer Beigeschmack, sondern – wie es in demselben Brief heißt – „Gottes Kraft und

Gottes Weisheit" (1,24)! Der heilige Johannes Chrysostomos, ein griechischer Bischof und Kirchenlehrer, sagt: „Das Kreuz machte aus Ungelehrten und Bauern Gelehrte und Philosophen!"

Das Kreuz ist ein Ärgernis, weil es nicht dauerhaft philosophisch geglättet und schön geredet werden kann; Eintrittsstellen für leidvolle Kreuz-Erfahrungen kennen alle Menschen in ihrem Leben. Wir können diesen Eintrittsstellen nicht ausweichen, jeder Mensch trägt ein Kreuz, sein Kreuz. Das Kreuz etwa, anderen Leid zuzufügen, Unrecht zu tun.

Der Mensch ist aus krummem Holz geschnitzt, so hat einmal Kant die Gebrechlichkeit des Menschen benannt. Wir machen Fehler, auch dann, wenn wir diese nicht aus Bösartigkeit tun; *sub specie boni* sündigen wir, haben die Väter der Kirche gesagt: Indem wir Gutes anpeilen, tun wir doch zuweilen das Schlechte.

Darin liegt wohl eine besondere Tragik: Wir wollen das Gute, es fehlt uns aber die Kraft, es auch zu tun; oder: Wir wollen das Gute, tun das vermeintlich Gute, aber es wendet sich gegen uns, stellt sich als zerstörerisch heraus.

Freiheit ist die Würde des Menschen, sie hat auch ihren Preis. Manches, das wir tun, bringt Leiden hervor. Personales Handeln geschieht aus Freiheit, das ist der höchste Wert. Es gilt, auch das Schwere aus Freiheit zu tun.

Aus Freiheit und im Vertrauen darauf, dass alles gut werden wird.

Der Weg der Kirche ist der Mensch, schreibt der hl. Papst Johannes Paul II. Nicht nur der Mensch, der gut funktioniert und seine Arbeit macht, auch der Mensch mit all seinen Fehlern. Ich habe Menschen enttäuscht, das tut mir im

Herzen weh. Bei meiner ersten Predigt habe ich um Verzeihung gebeten. Es ist erfüllend, dass Klage sich in Freude, Schwäche in Stärke verwandeln kann – Schwäche kann zum Segen werden. Die Geschichte der Kirche ist nicht frei von Brüchen, die leidvoll sind und Scheitern beinhalten. Dieser Kirche spricht Jesus das Heil zu.

Und dieses Heil ist ein österliches Heil, das auf die Hoffnung gebaut ist, wie sie die Mystikerin Juliana von Norwich ausgedrückt hat: Alles wird gut sein, aller Art Ding wird gut.

Die Botschaft vom Kreuz allein wäre unerträglich, geradezu unmenschlich, würde es nicht Auferstehung geben.

So wollen wir – nicht zu schnell und nicht zu laut! – in das Leiden der Welt die Worte sagen und deren Kraft in unserem Leben bezeugen: Halleluja, er ist auferstanden! Das ist das letzte Wort, nicht das Schweigen des Kreuzes. Halleluja!

PILGERN

Christen sind in dieser Welt nie ganz zuhause. Als Pilger und Fremdlinge gehen sie ihren Weg, immer wieder neu auf der Suche, wo und wie sie Licht der Welt und Salz der Erde sein können.

Das sagt sich leicht; aber es kann unbequem sein, immer unterwegs zu sein, immer wieder neu anzufangen, immer wieder aufzubrechen. Ein pilgernder Mensch „kann es sich nicht richten", „kann sich nicht einrichten". C. S. Lewis, der berühmte englische Christ, hat das schmerzvoll erfahren. Er war gegen Ende seines Lebens tief verbunden mit seiner Ehefrau, die dann ihrer Krebserkrankung erlag. C. S. Lewis rang mit Gott, in einer rohen Sprache, verzweifelt, entmutigt, verbittert. Er musste sich eingestehen – und hielt dies auch in seinem Tagebuch fest –, dass Gott der große Ikonoklast ist, der Bilderzertrümmerer, der ein Bild von Gott, in dem wir es uns schön eingerichtet haben, zerstört. Gott ist immer größer als unsere engen Vorstellungen es je fassen könnten. Trotz aller Kirchenlehren bleiben wir Pilger. Ein Mensch, der im Geist des Pilgerns lebt, lebt nicht in engen Mauern. Er wird immer wieder „hinausgeworfen" und vom Leben aufgefordert, neu anzufangen.

Meine Erfahrungen mit dem Pilgern sind schillernd: Im Urlaub als UNO-Soldat, meine Kameraden flogen auf die Seychellen, pilgerte ich mit der Bibel in der Hand ins Heilige Land. Dort erhoffte ich, Klarheit zu bekommen, ob ich denn den Weg zum Priestertum beschreiten soll. In Nazareth, am Ort, wo Maria ihre Berufung erfahren hatte, habe ich intensiv um Wegweisung gebetet. Ich kniete vor der Grotte und betete inniglich. Da erschien ein Franziskaner und warf mich aus der Verkündigungsbasilika hinaus. In meinem Eifer hatte ich übersehen, dass der Zutritt in die Kirche mit kurzer Hose nicht erlaubt war. Es enttäuschte mich nicht und ich fühlte keinen Groll. Mein Pilgerweg ging dann weiter nach Jerusalem: Auf der Via Dolorosa auf- und abmarschierend und am Heiligen Grab verweilend, betete ich flehend zu Jesus. Mein ganzes Geld, das ich dabei hatte, gab ich den Armen, weil ich in der Apostelgeschichte las, wie die ersten Christen alles, was sie hatten, miteinander teilten. Damals wurde man auf den Straßen der Altstadt Jerusalems noch angesprochen, Blut zu spenden. Wenn ärmere Menschen einen operativen Eingriff vor sich hatten, dann baten sie Leute auf der Straße, dafür Blut zu spenden. Ich tat dies ohne zu zögern, weil ich auch das, was ich habe, mit den Armen teilen wollte. Ich wurde in einer Woche sogar zwei Mal angesprochen, ich wäre auch bereit gewesen. Die Ärzte haben das aber nicht zugelassen. Meine Pilgerreise neigte sich dem Ende zu und ich spürte in mir eine Traurigkeit, weil ich auf meine brennende Frage des *Priesterwerdens* keine Antwort bekam. Schwer war der Abschied vom Heiligen Land. Bis zum letzten Augenblick hoffte und wartete ich auf ein Zeichen. Ohne Antwort auf meine Frage musste ich den Ort verlassen, an dem doch Gott den Menschen so nahe gekommen ist.

Pilgern heißt: Immer wieder neu aufbrechen. Damit ist auch gesagt, dass Menschen, die aus einer Haltung des Pilgerns heraus leben, immer wieder neu anfangen müssen. Wir pilgern ständig, wenn wir ehrlich sind. Das ist auch ein schönes Bild für das menschliche Leben: Wir sind Pilgerinnen und Pilger, auf dem Weg, „viatores“, wie das im Mittelalter genannt wurde. Und so hat man auch überlegt, was der Mensch „in statu viatoris“ braucht, was also der Mensch während seiner Pilgerschaft nötig hat (Gnade zum Beispiel …). Leben als Pilgerweg sagt vieles Wichtige aus: Wir sind unterwegs, wir haben einen Ausgangspunkt und ein Ziel, wir müssen uns durchaus anstrengen, wir sind auf Gastfreundschaft und Gemeinschaft angewiesen. Wir leben, sozusagen, nicht in festen Häusern, sondern sind nur vorübergehend an einem Ort. Das Bild des Pilgerns steht dem Bild der endgültigen Antworten entgegen. Nach einer schönen Bemerkung des englischen Dominikaners Timothy Radcliffe hat eben dies den beliebten Kardinal Basil Hume so sehr in die Herzen der Menschen gebracht: Er sah sich als Pilger.

Pilgern in einem ganz wörtlichen Sinn kann das innere Unterwegssein ausdrücken und verstärken. Pilgern ist einerseits stete Bewegung und Aufbruch, andererseits Ruhe durch seinen Rhythmus des ruhigen Dahingehens.

In mir ist der Wunsch aufgekeimt, den Pilgerweg, den Camino, nach Santiago de Compostela zu gehen. Ich habe öfter Menschen getroffen, die begeistert vom Camino erzählt haben, ich war da aber immer ein wenig skeptisch. Ein Abt, mit dem ich befreundet bin, hat den Pilgerweg als

„Ost-West-Tangente der Esoterik" bezeichnet. Dennoch hat es in mir gearbeitet. Der Film „The Way" von Emilio Estevez beeindruckte mich tief. So hat mich der Gedanke an Santiago nicht losgelassen. Da ging es nicht darum, Erfahrungen erzählen zu können. Es drängt mich nicht, alles zu sehen und überall gewesen zu sein, aber der Gedanke an die tiefe Erfahrung und die Lebensschule des Pilgerns, dieser Gedanke hat mich nicht mehr losgelassen.

Bei einem Gespräch mit dem Generalvikar zu meinem 60. Geburtstag meinte ich: „Ich wünsche mir etwas ganz Besonderes." Er war sichtlich erschrocken, so im Sinne: Was kommen denn jetzt für exzessive Ideen? „Vier Wochen Urlaub am Stück, ich möchte nach Santiago gehen, obwohl ich mich vor der großen Hitze fürchte." Die Entscheidung war für mich ein Ereignis der Gnade, nicht Produkt der eigenen Vorstellungskraft. Auf einmal ist es gestanden, festgestanden. Ich will gehen. Ich habe mit dem Gedanken gelebt. Und dann ist es konkreter geworden, nach einer Messe um 2.30 in der Früh ging es los. Ich bin die meiste Zeit im Habit gegangen, über 800 Kilometer.

Wer pilgert, bricht auf. „Aufbrechen" bedeutet: Da ist Starre, da ist etwas versteinert, da ist etwas zugefroren – und die Bewegung, die Starres in Bewegung bringt, Stein in Fleisch verwandelt, Gefrorenes schmelzen lässt, das ist Aufbruch. So beten wir zum Heiligen Geist: „Löse, was in sich erstarrt." Der Prophet Ezechiel spricht von den Herzen aus Stein, die aufgebrochen werden, sie werden zu Herzen aus Fleisch. Franz Kafka spricht davon, dass ein Buch wie eine Axt sein muss für das gefrorene Meer in uns. Aufbrechen bedeutet also wenigstens zweierlei: Verfestigtes auflösen und aus Starre in Bewegung kommen.

Das Pilgern ist ein Er-Gehen, bei dem man viel er-fährt. Es ist anstrengend und es ist eine manchmal sehr harte Schule. Aber durch das Gehen in einem wörtlichen und handfesten – an Blasen und Schwielen abzulesenden – Sinn wird auch das Pilgern in einem übertragenen Sinn deutlicher. Leben in der Nachfolge Jesu ist Einladung zu einem Pilgerweg. „Nachfolge" heißt doch auch: Wir gehen, wir gehen nach, wir sind unterwegs. Wir sind Pilger. Pilger sind Menschen, die noch nicht angekommen sind. Wahrheit ist für uns Christinnen und Christen nicht etwas, das wir besitzen könnten, sondern die Begegnung mit Christus, der uns besitzt.

Glaubt nur jenen, die die Wahrheit suchen, sagte der französische Literaturnobelpreisträger André Gide wenige Tage vor seinem Tod. Gide, der selbst ein Leben lang suchend geblieben ist, trifft hier einen wahren Punkt des christlichen Glaubens. Aufrichtig gelebter Glaube braucht die innere Haltung des Suchens und Sehnens. *„Si comprendis non est Deus"* – wenn du es erfasst, ist es nicht mehr Gott –, warnt der heilige Augustinus, zumal sich selbst in der Glaubenswelt viel Abgestandenes und Festgefahrenes ansammeln kann. Die Folge ist Rechthaberei, ein Ende der Suche.

Es gibt ein geistliches Gesetz: Je tiefer ein Mensch sich auf einen geistlichen Weg einlässt, desto tiefer erkennt er, was er ändern müsste. Aufbruch heißt für uns Christinnen und Christen: Sich immer wieder neu in Gottes Hände zu begeben, so wie das Pedro Arrupe nach seinem Schlaganfall erlebt hat. Er war ja als Generaloberer der Jesuiten im August 1981 von einer Sekunde auf die andere vom Ordensgeneral zum pflegebedürftigen Menschen geworden. In diesem Zustand verfasste er ein Gebet, das 1983 bei seiner Ablöse als General verlesen wurde: „Mehr denn je finde ich mich in Gottes Händen. Das habe ich immer schon ersehnt, mein ganzes Leben lang, seit meiner Jugend. Aber heute ist es ganz anders: Die Initiative liegt allein bei Gott. Es ist wirklich eine tiefe geistliche Erfahrung, mich ganz in Gottes Händen zu wissen." Das ist Aufbruch.

PRIESTER SEIN

Jesus ist in Nazareth aufgewachsen, an einem Ort, der nicht herausragt wie Jerusalem. Die Evangelien schweigen über diese Zeit, mit Ausnahme einer Begebenheit: Als der zwölfjährige Jesus anlässlich der jährlichen Wallfahrt nach Jerusalem eigenständig im Tempel zurückblieb. Er verbrachte – so dürfen wir annehmen – ein ganz normales Leben, wie alle anderen auch. Er tat all das, was einen frommen Juden damals ausmachte: mehrmals am Tag beten, sich an Fasten- und Speisevorschriften halten, Wallfahren nach Jerusalem. Im Evangelium lesen wir, „wie gewohnt ging er am Sabbat in die Synagoge" (Lk 4,16). Da wurde Menschwerdung fortgeschrieben, in dem Sinne, dass Gott in Jesus tief in die Alltagswelt der Menschen seiner Zeit eintauchte. Sein Leben war über den langen Zeitraum von fast dreißig Jahren ganz gewöhnlich, durchaus mit dem Alltag seiner Zeitgenossen vergleichbar.

Leben mit Gott zeigt sich in außergewöhnlichen Dingen wie der Lebenshingabe eines Maximilian Kolbe, der freiwillig in Auschwitz für einen anderen in den Tod ging; Leben mit Gott zeigt sich aber auch in den gewöhnlichen Dingen, im Alltag. Priester sind Menschen, die sich auf besondere Weise um ein

Leben mit Gott bemühen. Es gibt das Außergewöhnliche im Leben eines Priesters, die Feier der Eucharistie oder drama-tische Ereignisse wie die Ermordung des Trappistenmönches Christian de Chergé in Algerien. Aber auch das priesterliche Leben muss sich im Alltag bewähren, zeigt Tiefe und Verläss-lichkeit in den Kleinigkeiten. Gott in allen Dingen zu suchen schließt auch und gerade die Mühsal des Alltags ein; „der klei-ne Weg", den Thérèse von Lisieux gelehrt und gelebt hat, ist der Weg zu Gott im Kleinen, im vermeintlich Unscheinbaren. Angelo Roncalli, der spätere Papst Johannes XXIII., hat Jahre in Bulgarien verbracht, ohne spektakuläre Dinge tun zu kön-nen; in dieser Zeit hat ihn das Wort getröstet, „omnia com-munia, sed non communiter": Alles Gewöhnliche, aber nicht auf gewöhnliche Weise. Das ist ein Leben mit Gott in allem: im Zwiebelschneiden und im Staubwischen, im Briefeschrei-ben und im Busfahren.

Das Leben eines Menschen ist Abenteuer, aber auch All-tag. Der Alltag kann, wenn mit Gott gelebt, zum Abenteuer werden. Denn wenn wir Gott im Alltag suchen, ist das auf-regend wie das Lesen eines Briefes oder das Entziffern einer Geheimschrift oder das Übersetzen eines unbekannten Textes. Priesterliches Leben – und im Sinne des Zweiten Vatikani-schen Konzils können wir vom allgemeinen Priestertum aller Gläubigen sprechen – ist ein Leben, das den Alltag auf Gott baut und mit Gott leben lässt. Priesterliches Leben ist Leben für andere.

Ein Wort hat sich in meine Erinnerung tief eingegraben, das mir ein Priester vor vielen Jahren zugesprochen hat, als sich in mir der Wunsch gemeldet hatte, Priester zu werden. Ich hatte diesen nämlich gefragt, was man denn als Priester zu tun habe? Seine Antwort: „Der Priester steht betend, bittend und hoffend vor Gott für Menschen, die ihm anvertraut sind."

Es berührt mein Herz, wenn ich weiß, dass jemand mein Leben betend vor Gott hin trägt. Es ist bewegend zu wissen, dass jemand mir Gutes wünscht und diesen Segenswunsch zu Gott bringt. So können wir alle priesterlich wirken, wenn wir für andere betend und hoffend im Angesicht Gottes leben – und dadurch Raum schaffen, dass Gott in uns und durch uns wirken kann.

In Persona Christi agere – im Priester handelt Christus selbst. Entsprechend einem Wort des heiligen Augustinus, das vom Zweiten Vatikanischen Konzil aufgegriffen worden ist: „Er, Christus, ist es, der tauft, predigt und konsekriert." Der Philosoph Kierkegaard, selbst vom Glauben tief geprägt und gezeichnet, hat diese menschlich-göttliche Übereinkunft treffend ins Wort gefasst: „Der Helfer ist die Hilfe!" Der Geber gibt sich selbst. Der Geber ist die Gabe. Priestersein versteht sich nicht im Sinne eines Botendienstes, sondern als Durchlässigkeit auf den hin, der sendet.

Priestersein bedeutet Anteil zu haben an der göttlichen Sendung. Darin liegt würdevolle Größe, aber auch eine sehr verfängliche Verführung, nämlich zu meinen, wir hätten etwas zur eigenen Profilierung. Das wäre jedoch weit gefehlt. Die Anteilhabe ist unlöslich verbunden mit einem Auftrag, der lautet: Bereitschaft zur Hingabe ganz nach dem Vorbild Jesu. Der Hebräerbrief sieht das Wirken Jesu als eine große priesterliche Sendung, so lesen wir dort: „Er hat in den Tagen seines irdischen Lebens mit lautem Schreien und unter Tränen Gebete und Bitten vor den gebracht, der ihn aus dem Tod retten konnte, und er ist erhört worden" (Hebr. 5, 7). Daran haben wir Anteil: bis zur Selbstaufgabe unter Tränen Gebete und Bitten vor den zu bringen, der die, für die wir Priester sind, zu erretten vermag.

Tränen, die für einen anderen Menschen vergossen werden, sind kostbar. In der Geschichte des Christentums sind die Tränen der Monika, Mutter des Augustinus, die für ihren Sohn betete, berühmt geworden. Im Evangelium finden wir die Tränen Jesu um Lazarus (Joh 11,35: „Da weinte Jesus"). Es ist priesterlich, Tränen für andere vergießen zu können.

Priester sind in besonderer Weise „Menschen für andere". Dieses Wort („Menschen für andere") hatte Pedro Arrupe, der Generalobere der Jesuiten, seinerzeit als Erziehungsziel der Jesuitenschulen genannt. Sie sollten „Menschen für andere" bilden. Das sind Menschen, die nicht für sich leben, sondern mit einem Blick auf den Dienst an den anderen, mit einem Blick auf den Dienst am Gemeinwohl und der Gemeinschaft. Menschen für andere wollen natürlich auch blühen und gedeihen; aber sie leben nicht in einer Weise, die sie stets den eigenen Vorteil suchen lassen.

Priester sind Menschen, die die Menschen lieben; Priester sind Menschen, die wirklich, wirklich wollen, dass Menschen zum Blühen kommen, dass sie Freude in Fülle haben. Was braucht es dazu?

Nach meinem Verständnis braucht es eine zweifache Aufmerksamkeit, zunächst eine Wachsamkeit für Gott – die Gottesfrage darf im Priester nicht zur Ruhe kommen. Die zweite Aufmerksamkeit gilt dem Menschen. Für mich war diesbezüglich ein Wort aus der Antike leitend: „Wie schön ist der Mensch, wenn er wirklich Mensch ist." Ich habe eine geläuterte Schönheit gerade bei Menschen entdecken dürfen, die es schwer haben, leidend sind oder in irgendeiner Weise gescheitert. Aus den zwei Aufmerksamkeiten habe ich meine Definition des Priesterseins gefunden: Freund Gottes und Freund der Menschen zu sein!

Ein Priester ist ein Mensch, der in besonderer Weise freundschaftsfähig ist. Und wie jede gute Freundschaft wird auch ein Priester durch die Beziehungen herausgeführt aus dem Gewohnten und Bequemen.

Als Priester, Bischof, ist man nicht in eigener Mission unterwegs, vielmehr gesendet, zu Menschen geschickt, und zwar mit einer frohen Botschaft. Das ist die wesentliche Dimension priesterlichen Seins. Gesendet-Sein soll allerdings nicht als ein selbstverständlicher Akt unsererseits verstanden werden, einem „habitus" oder einer Gewohnheit gleich, vielmehr steht der Gesendete in einer dauerhaften communio mit dem entsendenden Ursprung. Im zweiten Hochgebet betet die Kirche: „Herr, wir danken dir, dass du uns berufen hast, vor dir zu stehen und dir zu dienen." Der allzu früh verstorbene Bischof von Aachen, Klaus Hemmerle, nennt diese Ursprungsbeziehung ein Ärgernis der Unterscheidung. Ich darf ihn wörtlich zitieren: „Sendung ist unverfügbar, sie lebt aus dem sendenden Ursprung; und es ist gerade die ‚Demut' und ‚Wehrlosigkeit' des Gesandten, dass er nicht sich vertritt, sondern einen anderen, der in ihm wirkt und mächtig ist."

Ein priesterlicher Mensch weiß sich gerufen und gesandt; er oder sie weiß, dass Berufung ein Geschenk und ein Auftrag ist, Gabe und Aufgabe. Sie oder er weiß, dass sie „dem ganz Anderen" dient und deswegen in dieser Welt nicht ganz zu

Hause ist, von dieser Welt keine letzten Antworten erwartet,
auch wenn sie ganz mit den Füßen auf dem Boden steht. Ein
priesterlicher Mensch lebt nicht sich selbst.

Großes geschieht im Verborgenen. Unsere Zeit strebt danach, ihre Idole gut zu vermarkten. Der Heilige in der frühen Kirche bis hinein ins hohe Mittelalter tritt ganz hinter sein Werk zurück. Im Mittelalter wurde vieles und Großartiges geschrieben, aber wir besitzen kaum Autographen. Künstler haben bis zur Renaissancezeit ihre Werke nicht signiert. Das ändert sich mit der sogenannten anthropologischen Wende, am Beginn der Neuzeit. Das Verständnis, Werkzeug Gottes zu sein, schwindet.

Das ist ein konkrete Ausdrucksweise des christlichen Auf-
trags: Christus muss wachsen, in uns und durch unser Leben,
wir aber müssen abnehmen.

STAUNEN

Staunen wird gerne als der Anfang der Philosophie bezeichnet – zum Staunen bringt uns nicht das, was für uns selbstverständlich geworden ist. Das Selbstverständliche, das, was wir als gegeben annehmen, steht dem Staunen entgegen. Staunen ist ein Erwachen – hier erwacht eine Frage, etwa die Frage „Woher kommt das alles?" oder die Frage „Warum ist das so?" Ein Mensch, der staunen kann, ist aufmerksam und offen, offen für die Überraschungen und das Unerwartete, welches das Leben zu schenken hat.

Der Ursprung der Philosophie liegt im Staunen. Staunen ist etwas typisch Menschliches. Nach Auskunft der Alten staunt Gott nicht, er weiß. Jesus war ganz Mensch, es finden sich ja viele sehr menschliche Reaktionen bei ihm wie Weinen oder sein besonderes Nahverhältnis zu einigen Menschen, zu Lazarus, Maria Magdalena oder Johannes. Hat Jesus auch nicht gewusst? Im Spiel von Wissen und Nichtwissen liegt der Ort des Staunens. In der Tat wird expressis verbis zwei Mal davon gesprochen, dass Jesus staunte:

Einmal in Nazareth, wo er aufgewachsen ist und über den langen Zeitraum von fast dreißig Jahren die Alltäglichkeit des Lebens mit den Menschen geteilt hat. Als er jedoch auszusprechen begann, wozu er gekommen ist, wer er wirklich ist, nämlich der lang Ersehnte, von dem die Propheten gesprochen und gekündet hatten, waren die Menschen zunächst ganz angetan von seiner Rede. Aber alsbald holte sie die Weisheit des „eh schon Wissens" ein: „Ist das nicht der Sohn des Zimmermanns?" Weiter heißt es: „Und sie lehnten ihn ab!" Da wunderte sich Jesus über ihren Unglauben (vgl. Mk 6,1ff).

Das andere Mal staunt Jesus bei der Begegnung mit dem heidnischen Hauptmann, einem Soldaten, der für seinen Diener Fürbitte einlegt. Auf Jesus muss dieser Soldat Eindruck gemacht haben, denn er, der wohl nie ein heidnisches Haus betreten hatte, sagte spontan: „Ich will kommen und ihn gesund machen!" (Mt 8,7) Da antwortete der fromme Hauptmann: „Herr, ich bin es nicht wert, dass du mein Haus betrittst; sprich nur ein Wort, dann wird mein Diener gesund." Dieses Mal staunte Jesus über einen so tiefen Glauben, den er nicht einmal in Israel gefunden hatte. Dort, wo Jesus den Menschen so nahe gekommen ist, in Nazareth, glaubten sie ihm nicht, in der Ferne aber, wohin er sich nicht gesandt wusste, da fand Jesus ehrlich authentischen Glauben.

Jesus hat gestaunt, und es ist eigentlich erstaunlich, dass er, der Sohn Gottes, gestaunt hat. Er ist nicht mit vorgefertigten Ideen in eine Situation hineingegangen, sondern zeigte die Offenheit, das Leben wahrzunehmen und in sich herein- und an sich heranzulassen. Jesus lässt sich überraschen – von Menschen, zu denen er sich nicht gesandt wusste.

Das ist auch eine Lehre für die Kirche und für das geistliche Leben; wenn wir nicht immer nur mit Menschen umgehen, die „unseresgleichen" sind, die aus demselben Holz geschnitzt sind. Es tut der Kirche gut, wenn sie Menschen von verschiedensten Hintergründen Arbeit gibt und Platz einräumt. Es ist gut für die Lebendigkeit unserer Erfahrungen, wenn wir immer wieder auch Begegnungen mit Menschen haben, die „ganz anders" sind. Wenn Papst Franziskus von der Kirche der Armen spricht, spricht er unter anderem auch diesen Gedanken an.

Ein amerikanischer Psychologe mit einem unaussprechlichen Namen, Mihaly Csikszentmihalyi, hat in den 1990er Jahren eine Studie über Kreativität gemacht und viele kreative Menschen befragt. Eine Einsicht: Wenn du etwas Neues machen möchtest, staune täglich wenigstens einmal und setze wenigstens einmal am Tag einen anderen Menschen in Erstaunen. Das hält lebendig, das lässt wachsen. Staunen ist ein Zeichen von Lebendigkeit.

Peter Wust, ein tiefsinniger Philosoph, hat „Ungewissheit und Wagnis" als Grundpfeiler menschlichen Daseins verstanden. Die Kunst besteht darin, sich an den Bruchstellen des Lebens trotz Ungewissheit auf das Wagnis des Lebens und des Glaubens einzulassen.

Das Leben ist ein Wagnis und das Leben in der Liebe und im Glauben ist vertrauensvolle Ungewissheit: Wir können ja auch einen schönen Zusammenhang herstellen zwischen dem Staunen und der Liebe; es ist ein Zeichen lebendiger Liebe, den geliebten Menschen zu überraschen und sich vom geliebten Menschen überraschen zu lassen. Diesen Gedanken kann man schließlich auch auf den Glauben übertragen; es ist Zeichen eines lebendigen Glaubens, sich von Gott überraschen zu lassen. Wer im Glauben an das überraschende Wirken Gottes *lebt, lebt ein Abenteuer, weil er oder sie – angstfrei! – nicht weiß, was kommt.*

Auf eines können wir vertrauen: Gott bringt uns, wenn wir offen sind, zum Staunen; so wie die Menschen im Tempel über den zwölfjährigen Jesus staunten: „Alle, die ihn hörten, waren erstaunt über sein Verständnis und über seine Antworten" (Lk 2,47); Gott bringt uns zum Staunen, wie Jesus die Menschen immer wieder zum Staunen gebracht hat – nach Heilungen, nach der Brotvermehrung. Und wenn jemand in der Nähe Gottes lebt, der Wunder tut, kann sie oder er auch selbst andere zum Staunen bringen, so wie es Petrus erging, der, erfüllt vom Heiligen Geist, einen Gelähmten heilen konnte: „Und sie waren voll Verwunderung und Staunen über das, was mit ihm geschehen war" (Apg 3,10).

WAHRHEIT

Die Kirche ist geprägt von einer Spannung, von der Spannung zwischen einer Lehre, die in ihrem Grundbestand nicht veränderbar ist, und dem Lebensschicksal Einzelner. Nach christlichem Verständnis ist Wahrheit aber nicht zuerst Theorie oder Definition, sondern Person. Jesus tritt mit ungeheuerlichem Anspruch auf: Ich bin der Weg, die Wahrheit und das Leben (Joh 14,6). Jeder Mensch spiegelt in seinem „Person-Sein" etwas vom Antlitz Gottes wider.

Papst Benedikt XVI. hat das sehr schön ausgedrückt: „Am Anfang des Christseins steht nicht ein ethischer Entschluss oder eine große Idee, sondern die Begegnung mit einem Ereignis, mit einer Person, die unserem Leben einen neuen Horizont und damit seine entscheidende Richtung gibt."

Die Begegnung mit einer Person ist etwas grundsätzlich anderes als die Beschäftigung mit Sätzen. In der Philosophie gibt es ein interessantes Gedankenexperiment dazu: Ein Mädchen hat noch nie ihre Mutter getroffen, weiß aber alles, was es über die Mutter zu wissen gibt: Aussehen, Auftreten, Vorlieben, Anschauungen … und dann trifft sie das erste Mal in ihrem Leben ihre Mutter von Angesicht zu Angesicht – und diese Begegnung verändert alles. Diese Begegnung vermittelt dem Mädchen kein neues Wissen (kein neues Wissen über Aussehen oder Anschauungen der Mutter), sie lernt im Grunde keine neuen Sätze, die sie nicht schon vorher hätte sagen können, aber doch ändert sich alles, weil sie das erste Mal die Erfahrung einer Begegnung macht, erfährt, „wie es ist", ihrer Mutter zu begegnen. Eine Begegnung mit Lebendigem kann alles verändern.

Die Begegnung mit Jesus und die Beziehung zu Jesus sind der Kern unseres Glaubenslebens. Natürlich können wir als wichtige Anhaltspunkte auf den Katechismus und dessen Sätze zurückgreifen und uns daran orientieren. Aber die Begegnung mit Jesus, die nicht in Sätzen eingefangen werden kann, ändert alles. Und die Begegnung mit einer Person lässt uns das unausschöpfbare Mysterium einer Person erahnen, wo Verstehen nie an ein Ende kommt.

Wir müssen uns davor hüten – wie es André Gide genannt hat –, zu schnell zu verstehen. Paul Claudel nämlich hatte ihm, der in Sachen des Glaubens ein Suchender geblieben ist, vorschnell einen Glauben unterstellen wollen; worauf André Gide antwortete: „Verstehe mich nicht zu schnell!"

Wahrheit ist nicht etwas, das wir besitzen, sondern jemand, der uns besitzt. Das glauben wir als Christinnen und Christen. Wir wollen Jesu Wort „Ich bin die Wahrheit" ernst nehmen; und wenn wir diesen Satz ernst nehmen, dann können wir Wahrheit nicht in erster Linie in Sätzen und Dokumenten suchen; „Wahrheit" ist dann nicht „schnell griffbereit" wie ein Nachschlagewerk, sie ist Begegnung mit der persönlichen Note, die jede Begegnung hat.

André Gide hat mit seiner Bitte, nicht zu schnell zu verstehen, eine theologisch zeitlos gültige Wahrheit zum Ausdruck gebracht. Verstehen wir Gott, sein wirksames Handeln in dieser Welt nicht zu schnell. Bleiben wir Suchende und um die Wahrheit im hörenden Gebet Ringende. Ich möchte nicht müde werden, dazu den heiligen Augustinus zu zitieren: „Weil ich gefunden habe, suche ich!"

Diese Suche wird in diesem Leben und auf dieser Welt nicht enden.

Es gibt ein schönes Wort vom Philosophen Hegel: „Die Wahrheit ist das Ganze!" Die Wahrheit kann man nicht von einer einzelnen Position her angemessen in den Blick bekommen. Die Auferstehungsberichte liefern dazu den besten Beweis. Da sind einmal die Frauen frühmorgens unterwegs zum Grab und erleben, dass der Stein weggewälzt ist und das Grab leer ist. Sogar ein Engel spricht zu ihnen; der Evangelist Markus berichtet: Von Schrecken und Entsetzen gepackt fliehen sie das Grab. Vom Glauben-Können ist da noch keine Rede. Die Frauen gehen zu den Jüngern und berichten, was sie gesehen und gehört haben, diese gehen nun selbst zum Grab, auch sie sehen das leere Grab, die Leinenbinden, dann heißt es zwar, sie sahen und glaubten, aber sie wussten noch nicht aus der Schrift, dass er von den Toten auferstehen musste. Wirklich glauben konnten sie auch da noch nicht! Als schon fast alle an das Wunder glaubten, dass ihr geliebter Meister lebt, konnte ein so enger Weggefährte Jesu wie der Apostel Thomas immer noch nicht glauben: Wenn ich nicht sehe und berühre, dann glaube ich nicht!

Wie vieler Hinweise, Gründe und Begegnungen bedurfte es, bis diese kleine Gemeinde, die so nah am Geheimnis der Menschwerdung Gottes dran war, wirklich aus tiefem Herzen glauben konnte und das so sehr, dass nicht wenige von ihnen dafür zu sterben bereit waren, weil sie schließlich wussten, tief spürten, das ist der Weg zum Leben.

Wahrheit hat, wie wir hier sehen, auch mit Spüren zu tun; es braucht viele Stimmen und Instrumente im Konzert der Wahrheit, die wie ein wunderbares Musikstück ist, bei dem jede Note am richtigen Platz ist. Wir kennen alle den schönen Satz: Einen Menschen zu lieben bedeutet, ihm die Melodie seines Herzens vorzusingen, wenn er sie selbst vergessen hat. So ist es auch mit der Liebe zur Wahrheit.

Das Wort ‚Liebe zur Wahrheit' sagt sich leicht, aber gemeint ist die Sehnsucht danach, das Richtige zu tun und das Richtige zu glauben. Mahatma Gandhi hat seine Autobiographie „Meine Experimente mit der Wahrheit" genannt. Er wollte damit seine Lebensphilosophie ausdrücken, in allem die Wahrheit zu leben, in allen Lebensbereichen: in der Kindererziehung, in der Ernährung, in der Kultur der Freundschaft, in der medizinischen Versorgung, im Studium ...

Die Wahrheit zu lieben bedeutet, sich auch anzustrengen, die Wahrheit zu finden, die Wahrheit zu tun. Und da ist es tröstlich, dass wir nicht allein sind. Manchmal vergessen wir Wahrheiten – etwa die Wahrheit, dass wir ein inneres Kind in uns tragen; oder die Wahrheit, dass wir verwundbar sind und angewiesen auf andere Menschen. Wir brauchen dann Wegbegleiterinnen und Wegbegleiter, die uns an diese Wahrheiten erinnern.

Was für die einzelnen Menschen gilt, das gilt auch für die ganze Menschheit, für ganze Epochen. So sagte der große Konzilstheologe Karl Rahner einmal: „Jede Zeit hat ihre eigenen vergessenen Wahrheiten." Das bedeutet: Gerade weil man etwas so gut erkennt, passiert es, dass anderes, genauso

Wichtiges, vielleicht sogar noch Wichtigeres, das sich aber nicht so aufdrängt, glatt vergessen wird. Warum ist das so? Muss das so sein?

Ganz werden wir diese Einseitigkeiten nicht vermeiden können. Wir sind endliche Wesen – und die Wahrheit ist immer größer. Die Wahrheit ist das Ganze und der Mensch ist nicht allein für das Ganze geschaffen, dazu braucht er die Gemeinschaft, braucht er den anderen, der die toten Winkel in unserem Erkennen und in unserem Leben ausleuchtet.

Diese Gemeinschaft darf sich aber auch nicht in Selbstbetrachtung und Selbstbezogenheit verlieren, sondern muss den Willen haben, der Wahrheit zu dienen.

Als Papst Franziskus vor zwei Jahren den Kardinälen eine Rede über die verschiedenen Missbräuche gehalten hatte, kam er auch auf die „malattia delle chiacchiere" – die Krankheit des Geschwätzes – zu sprechen. Da meinten viele, das sei bloß eine Angelegenheit des Vatikans. Ich sage – und so hatte der Papst es gemeint –, das ist ein Problem jeglicher Institution. Die Rederei, das Vermuten und die Missdeutung; geht man dieser Rederei nach, hat niemand etwas gesagt. Da wird das Wort sträflich missbraucht.

Das Wort hat eine besondere Kraft, wenn wir von Wahrheit sprechen; denn ein Wort ist mehr als etwas Gesagtes; es ist eine Tat. Die Wahrheit wird ja nicht gesprochen, sie wird getan.

Der Wahlspruch des Wiener Kardinals Franz König lautete: Die Wahrheit in Liebe tun; bei meiner Priesterweihe habe ich mich gefragt: Wo bin ich schwächer, wo lege ich den Akzent? Und ich habe mich für den Satz entschieden: Die Liebe in Wahrheit tun. Für mich ist Wahrheit die verwundbarere Größe.

*Wahrheit will getan werden; Menschen, die die Wahrheit
tun, sind Quellen für andere.*

Wie wunderbar befreiend ist es, wenn man Menschen
kennen darf, die die Wahrheit sagen! Wahrheit ist wie klares
Wasser, man sieht bis auf den Grund. Klares Wasser hat die
Eigenschaft zu spiegeln; im Hineinblicken kann man sich
selbst erkennen, wie man wirklich ist. Klarheit lügt nicht,
hingegen ist das Geschwätz trübes Wasser, man sieht nicht
den Boden. Wenn man hineinblickt, weiß man nicht, was
sich in der Tiefe verbirgt. Nebenbei bemerkt darf man ge-
trübtes Wasser nicht trinken.

*Wahrhaftige und aufrichtige Menschen sind Zeuginnen
und Zeugen der Wahrheit; wir sind als Christinnen und
Christen aufgefordert, die Wahrheit, die wir in der Begegnung
mit Jesus erfahren haben, zu bezeugen. Die berühmte Frage
von Friedrich Nietzsche, „Warum sehen die Christen nicht er-
löster aus?", sollte uns immer wieder und stets begleiten.*

Es ist schon interessant, dass der Angeklagte in einem
Gerichtsverfahren nicht zur Wahrheit verpflichtet ist, wenn
sie ihn belasten würde. Hingegen muss der Zeuge die Wahrheit sagen. Lügt er, so wird er bestraft.

Der erste Zeuge des Fleisch gewordenen Wortes Gottes
ist Johannes der Täufer. Was für den Zeugen wichtig ist,
benennt das Evangelium auch: Er legt für einen anderen
Zeugnis ab, nicht für sich selbst: „Er war nicht selbst das
Licht, er sollte nur Zeugnis ablegen für das Licht." Das hat
Johannes bis zur Hingabe des Lebens getan.

*Johannes der Täufer sagt von sich, dass er abnehmen muss,
damit Christus wachsen kann; eben dazu sind wir auch eingeladen, die Maximierung des eigenen Vorteils zurückzustellen,*

das eigene Wunschdenken zu zähmen – und der Wahrheit zu dienen; im demütigen Wissen, dass es etwas gibt, das größer ist als wir selbst, das wir uns nicht einfach zurechtzimmern können. Wir sind zur Wahrheit berufen.

Vom mittelalterlichen Philosophen und Theologen Johannes Duns Scotus stammt die Definition wahrer Worte: Signum enim est sermonum verorum confesse se habere his, quae apparent – Zeichen wahrer Rede ist, bekennend sich verhalten zu dem, was sich zeigt.

WÜNSCHE

Ich habe am Anfang meines geistlichen Weges ein Buch gelesen mit dem Titel „Mit unerfüllten Wünschen leben". Das hat mir sehr geholfen auf meinem Weg. Warum ist das so, dass wir sehr oft über den Mangel zum eigentlichen Reichtum kommen?

Fragen bleiben unbeantwortet, Wünsche unerfüllt. Albert Camus hat das Absurde im Widerspruch zwischen dem Schreien des Menschen und dem Schweigen der Welt gesehen, aber darin liegt sogar eine Tiefe; wäre die Vorstellung, dass sich alles, was wir uns wünschen, erfüllt, nicht schrecklich? Denn: wissen wir eigentlich selbst, was wir uns im Tiefsten wünschen?

Der englische Schriftsteller Julian Barnes hat in seinem Buch „Eine kurze Geschichte der Welt" über den Himmel nachgedacht als den Ort, an dem sich alle Wünsche erfüllen. Ein Mann kommt in den Himmel und seine Wünsche in Bezug auf Erfolgserlebnisse im Sport, tolle Erfahrungen mit Frauen und Abenteuer mit Autos gehen alle in Erfüllung – aber es bleibt eine Leere, es stellt sich Langeweile ein. Wundert es uns dann, dass es in der biblischen Beschreibung der göttlichen Herrlichkeit heißt: „Wir verkündigen, wie es in der

Schrift heißt, was kein Auge gesehen und kein Ohr gehört hat, was keinem Menschen in den Sinn gekommen ist: das Gro-ße, das Gott denen bereitet hat, die ihn lieben" (1 Kor 2,9). Jenseits unserer Vorstellungskraft verbirgt sich die Herrlich-keit des Herrn, das Heil, das Paradiesische, der Himmel. So ist der Himmel unvorstellbar schön. Mehr als wir uns wünschen können. Oder auch: anders, als wir uns wünschen. Und auf dieses Ziel werden wir vorbereitet.

Warum ist das so, dass wir sehr oft über den Mangel zum eigentlichen Reichtum kommen?

Weil wir auf ein letztes Ziel angelegt sind, auf ein Ziel über diese Welt hinaus! Der Apostel Paulus schreibt: „Wie sehr sehne ich mich danach, bei Christus zu sein, um wie viel besser wäre das!" (Phil 1,12) Er hat erfahren, schon auf dieser Erde, dass Gott sein Leben erfüllen kann. Aus dieser Hoffnung auf Erfüllung leben wir.

Diese Hoffnung auf Erfüllung wünschen wir allen. Wir wol-len allen Menschen das Gute wünschen. Das lateinische Wort „benedicere" übersetzen wir mit „segnen"; wörtlich heißt „be-nedicere" das Gute zusprechen, das Gute wünschen. Und das Gute, das wir einem Menschen wünschen, ist nicht ein Schla-raffenland-Leben, wo alles mühelos gelingt und die Fülle in den Mund fällt, ohne dass Hände und Herz beteiligt wären.

So ist es eine der tiefsten Fragen: Was willst du? Was wünschst du dir? Jesus hat diese Frage in den Evangelien im-mer wieder gestellt, bevor er einen Menschen geheilt hat. In den Märchen gibt es nicht nur dieses wunderbare Motiv „Du hast drei Wünsche frei"; es gibt auch den wunderbaren Satz: „In jener Zeit, als das Wünschen noch geholfen hat". Die Sehnsucht hilft. Im Alten Testament gibt Gott dem jungen

König Salomo einen Wunsch frei, und dieser wünscht sich zur
Freude Gottes: Weisheit. Weisheit als die Gabe, das Gute und
das Böse voneinander unterscheiden zu können. Wir lesen:
„Es gefiel dem Herrn, dass Salomo diese Bitte aussprach" (1
Kön 3,10).

Die Frage „Was würdest du dir wünschen?" ist eine tiefe
geistliche Frage.

Es herrscht so viel Krieg, Gewalt und Not. Friede für alle, das ist mein erster Wunsch. Ich bin so vielen leidenden
Menschen begegnet, weinenden Müttern am Grab ihrer
Kinder. Ich wünsche Leben, dass es den Tod nicht mehr
gibt. Jesus begrüßte seine Jünger nach der Auferstehung:
Friede sei mit euch!

Der Friede des Herzens ist das Fundament eines guten Le
bens und eines guten Zusammenlebens; hier fängt der Friede
an. Deswegen ist das Mühen um inneren Frieden ein Dienst
an der Menschheit, ein Dienst an allen. Wenn dieser Friede
fehlt, entstehen Schmerz und Leid. Innere Friedlosigkeit ist
wie eine Geißel.

„Friede sei mit euch", mit dieser Bitte sollen die Brüder
– so der Wunsch des heiligen Franziskus – ihre Predigten beginnen. Der Bischof eröffnet mit diesem Gruß den
Gottesdienst, und bevor wir in der Eucharistiefeier die
Kommunion empfangen, betet der Priester: „Herr Jesus
Christus, schau nicht auf unsere Sünden, sondern auf den
Glauben deiner Kirche und schenke ihr nach deinem Willen Einheit und Frieden." Hernach erfolgt der Aufruf zum
Friedensgruß. Schließlich werden die Gläubigen in ihre
Arbeits- und Lebenswelt gesendet: „Gehet hin in Frieden!"
Friede ist im Beten und Feiern der Kirche zentrales Thema.

Jesus spricht das tröstende, Beistand versprechende Wort vom Frieden, den er uns Menschen hinterlässt, vor der Hinrichtung, der Auferstehung und der Himmelfahrt. Der Friede, den Jesus uns zuspricht, ist ein teurer, kostbarer, erlittener Friede, kein billiger Friede. Der auferstandene Christus trägt sichtbar die Wundmale. Von der liturgischen Ordnung her überlegt: Der Friedensgruß wird in einer Eucharistiefeier nach der Wandlung gegeben, er wird den Menschen vom Altar zugesprochen. Beim Friedensgruß ist nicht ein wie immer freundliches „Lass uns friedlich miteinander leben" gemeint, sondern ein Leben im kostbaren und teuren, von Jesus uns zugesprochenen Frieden. Dieser Friede, den wir einander wünschen, ist nicht „unser Friede", er ist der Friede, wie nur Jesus ihn geben kann, mitten in die Welt, mitten in unseren Alltag hinein.

Dieser Friede möge in den Alltag hineinreichen, ihn formen. Wie schaut es aber in der alltäglichen Welt aus? Welchen Raum nimmt dieses urbiblische Grundthema in unserem Bemühen ein? Leben wir diesbezüglich nicht in einer geradezu sorglos oberflächlichen Selbstverständlichkeit? Zumal wir schon seit geraumer Zeit ohne kriegerische Bedrohung leben dürfen, was aber nicht immer so war. Andere Generationen vor uns mussten für dieses kostbare Gut bitter leiden und vor allem beten. Wir hingegen genießen eine Behaglichkeit im Dasein, die allerdings auf tönernen Füßen steht. Frieden, wie Jesus ihn verspricht, vermissen viele Menschen sehr wohl: „Meinen Frieden gebe ich euch; nicht einen Frieden, wie die Welt ihn gibt!" (Joh 14,27) Der Friede dieser Welt, in dem man sich wähnt, wird empfindlich gestört durch Bilder, die fast täglich in unsere Wohnzimmer geliefert werden.

Und mitten hinein in das Elend der Welt lesen wir dieses Wort: „Frieden hinterlasse ich euch, meinen Frieden gebe ich euch. Nicht einen Frieden, wie die Welt ihn gibt, gebe ich euch. Euer Herz beunruhige sich nicht und verzage nicht" (Joh 14,27). Das sind tiefe Worte: Der Zuspruch des Friedens ist ein Trostwort Jesu. Friede – das Versprechen des Friedens – und Trost sind miteinander verbunden. Ist es tröstlich, das Versprechen des Friedens aus Jesu Mund bekommen zu haben, oder ist der Friede selbst eine Quelle des Trostes? Oder aber ist der Trost das Ergebnis des Friedens, den uns Jesus geschenkt hat? Alle drei Aspekte spielen eine Rolle. Trost hilft, etwas zu lindern, sich einem Menschen zuzuwenden, einem Menschen Halt zu geben. Das Friedenswort Jesu hat dieses Moment von Aufmerksamkeit, Linderung und Halt.

Friede ist mein erster Wunsch, mein tiefster Wunsch. Wenn ich noch einen Wunsch äußern dürfte, so ist es: Heil für alle. Ich will wirklich, dass es den Menschen gut geht. Ich wünsche niemandem etwas Schlechtes oder das Verderben. Ich wünsche mir, dass es Gott in Jesus Christus gelingen wird, alle Menschen an sich zu ziehen.

Das ist ein brennender Wunsch. Der brennende Wunsch, dass die Hölle leer sein möge. Der brennende Wunsch, dass alle zu ihrem Platz im Heilsplan Gottes finden. Der brennende Wunsch, dass alle geheilt und erlöst werden mögen, von allem, was sie trennt von Gott.

Diese Suche nach den eigenen tiefen Wünschen kann man auch verstehen als die Frage, „wofür brennt mein Herz?" Das sind dann Fragen wie: Was bringt mein Herz zum Brennen? Was ist mir wirklich wichtig? Worum sorge ich mich? Was will ich „mit ganzem Herzen"?

Ein Leben ohne brennende Anliegen und brennende Sorgen ist armselig. Die tiefste Sehnsucht des Herzens wird dort erfüllt, wo ein Herz brennt. Der berühmteste Ort, an dem vom brennenden Herzen die Rede ist, ist die Emmausgeschichte im Lukasevangelium. Die Jünger, die Jesus begegnet sind, erfahren ihr Leben neu: „Brannte uns nicht das Herz in der Brust, als er unterwegs mit uns redete und uns den Sinn der Schrift erschloss?" (Lk 24,32) Wir sehen an dieser schlichten Stelle, dass ein brennendes Herz geschenkt wird, es wird zuteil, auf vielleicht unerwartete Weise. Das brennende Herz gibt Lebenskraft und Richtungssinn. Die Jünger sind ja zu Beginn der Geschichte niedergeschlagen und orientierungslos, nun haben sie wieder Mut und Weg. Sie wurden in ihrem Herzen getroffen. Sie wurden dort getroffen, wo sie sich vielleicht ihr Wünschen gar nicht eingestehen konnten.

Ein dritter persönlicher Wunsch betrifft mich, wenn ich nach meinen Wünschen gefragt werde: Das tun und zu tun vermögen, was ich im Innersten meines Herzens tun möchte. Mitunter spüre ich hier eine gewisse Diskrepanz, ähnlich, wie es der heilige Paulus ausdrückt: Ich will das Gute und tue das Böse.

Auch hier eine Eintrittsstelle für Gnade; wenn es im Volksmund heißt, „Das Gegenteil von gut ist gut gemeint", so bringt das eine tiefe Weisheit zum Ausdruck; wir haben so vieles nicht in den Händen und wir haben auch so vieles nicht im Herzen. Deswegen ist es gut, Gott zu bitten, unser Herz zu formen, sodass es auch die Sprache der rechten Sehnsucht, die Sprache des rechten Wünschens lernen möge.

Im Buch der Chronik wird beschrieben, wie großzügig die Menschen zum Bau des Tempels beigetragen haben; sie haben viel gespendet, viel gegeben. David spricht ein Dankgebet; er bedankt sich bei Gott mit den Worten: „Doch wer bin ich und was ist mein Volk, dass wir die Kraft besaßen, diese Gaben zu spenden? Von dir kommt ja alles; und was wir dir gegeben haben, stammt aus deiner Hand" (1 Chr 29,14). Gott gibt uns die Kraft, Gutes zu tun. So sind wir wohlberaten, Gott darum zu bitten, unser Herz auf ihn auszurichten, uns zu ihm zu kehren. „Wende dich uns zu und kehre uns zu dir!"

Ich glaube nicht an Selbsterlösung. Jesus Christus ist Mensch geworden, hat für uns gelitten, um uns zu erlösen. Vor mir steht das Bild des Einsiedlers, mit sich, seinem Werdegang, der Welt und mit Gott versöhnt. Am Ende des Tages, am Abend angekommen fühle ich die Erlösungsbedürftigkeit sehr, manches ist auf der Strecke geblieben, unvollkommen, bruchstückhaft, sündig. So habe ich es mir zur Gewohnheit gemacht, das Wort aus dem Philipperbrief des heiligen Paulus zu meditieren: Dein Tod, o Herr, soll mich prägen (vgl. Phil 3,10).

Es gibt diese tiefe Sehnsucht nach Ganzheit, nach Heilsein in uns; die Sehnsucht nach Frieden, einem Frieden des Herzens, der uns zur Ruhe kommen lässt.

Die Sehnsucht nach Ruhe ist eine tiefe Sehnsucht; sie ist auch die Sehnsucht nach Frieden. Alle Menschen, die ein inneres Leben pflegen, haben „einen Einsiedler in sich". Sie gehen in jene innere Kammer, die nur der einzelne Mensch für sich aufschließen und erschließen kann.

In der Einsamkeit des Abends beim Beten erwacht in mir eine Sehnsucht nach Gottesbegegnung. Ich spüre den Wunsch, Gott möge irgendjemanden irgendwo auf der weiten Welt seine Nähe spüren lassen. In diese Nähe ist die ganze Menschheit mit hineingenommen und auch ich. Gottesbegegnung ist nie exklusiv. Ich feiere nicht gerne die Heilige Messe ohne Volk, ein Unbehagen befällt mich da. Auf den Spuren des heiligen Jakobus, am Camino, kam ich in die Situation, am Wegesrand in der freien Natur zu zelebrieren, ich allein unter einem Baum. Der Rucksack war mein Altar. Beim Lesen der Heiligen Schrift, beim Brechen des Brotes merkte ich: Ich bin nicht allein.

Unser ganzes Leben kann man als Ausdruck dieser Sehnsucht sehen, nie „ganz" allein zu sein.

WÜRDE

Der Mensch ist kein Fall des Allgemeinen! Johannes Duns Scotus, Franziskaner, Philosoph und Theologe im ausgehenden Mittelalter, legte eine bedeutende Beschreibung der menschlichen Person vor: „Persona est ultima solitudo" – die Person ist letzte Einsamkeit, in der Verbindung mit einem letzten Rest an Alleinsein, das nicht mehr (mit-)geteilt werden kann.

Was passiert, wenn man die Einmaligkeit der Person ernst nimmt? Das Persönliche einer Lebensgeschichte? Bei einem Beichtgespräch reicht es niemals aus, das „Was" der Handlung zu erfragen („Lüge", „Betrug"), es geht immer auch um das „Wie" und das „Wer". Jeder Mensch ist einzigartig. Das hat manche Denker zu dem Schluss gebracht, dass „das Innerste" des Menschen nicht mitgeteilt werden kann. Wenn jemand (verbotenerweise oder auch mit Zustimmung) das Tagebuch eines anderen liest, wird vieles unverständlich bleiben, da wir Dinge ganz verschieden erleben, unsere Gedanken ganz verschieden ausdrücken und die Wörter für uns ganz unterschiedliche Töne haben, die mitschwingen. Der Satz „Ich bin glücklich" sagt mehr über den Sprecher und die Sprecherin aus als über das Glück.

Einsam ist die Person, weil sie so einmalig einzigartig ist. Die Einsamkeit ist demnach die andere Seite der Einzigartigkeit. Der Mensch ist in seiner Personenwürde ein nicht wiederholbares Wesen.

Die Würde des Menschen zeigt sich vor allem darin, dass wir die Einzigartigkeit des Menschen anerkennen. In der Industrie bedeutete die Fließbandarbeit einen gewaltigen Umbruch und Durchbruch. In kurzer Zeit können viele, viele Dinge, die einander ganz und gar gleichen, hergestellt werden. Ein Kopierapparat kann aus einem Exemplar zwei Exemplare machen oder mehr. Diese Art von Vervielfältigung ist beim Menschen als Menschen nicht möglich.

Die Einsamkeit der Person zeigt sich dann auch im Sinne des Unvergleichlichen; wir können Menschen nicht in Schubladen stecken. Ja, es gibt Persönlichkeitstests. Und da kann man verschiedene „Typen" unterscheiden, extravertierte und introvertierte Menschen zum Beispiel, oder cholerische Menschen und phlegmatische Menschen. Aber jeder Mensch hat diese Eigenschaften in einer einzigartigen Weise und eine Mehrzahl von Eigenschaften in einer einzigartigen Mischung.

Ich möchte nochmals betonen: Die Würde der Person ist absolut. Sie theoretisch zu erfassen übersteigt jegliche Anstrengung, lässt sich nicht durch allgemeingültige Kategorien aus Natur- und Geisteswissenschaften festlegen.

Hier zeigen sich auch die Grenzen einer wissenschaftlichen Betrachtungsweise, hier zeigt sich auch das, was der französische Philosoph Blaise Pascal die Logik des Herzens genannt hat. Das Herz sieht auf einmalige Weise die Einzigartigkeit.

Wer der Mensch in seinem tiefsten Inneren ist, kann nur über den Umweg der Ausschließung und der Annäherung erfasst werden. Theologie, die aus der Quelle der Offenbarung schöpft, vermag Gründe zu nennen. Der Mensch als Person geht auf einen in sich einzigartigen Schöpfungsakt Gottes zurück. Christlicher Glaube verleiht dieser Würde überdies einen göttlichen Glanz.

Was für ein wundervoller Gedanke! Gott hat jeden einzelnen Menschen geschaffen; Gott hat zu jedem einzelnen Menschen „Ja" gesagt. Der Glaube an dieses „Ja" Gottes begründet die Würde eines Menschen so viel tiefer, als es der Hinweis auf die Vernunftbegabung des Menschen leisten könnte. Wenn wir aus der Überzeugung leben, dass „der Mensch" „nach dem Ebenbild Gottes" geschaffen wurde, dann meinen wir damit auch, dass es „alle Menschen" braucht, um das Antlitz Gottes zu zeigen, dass jeder Mensch auf seine eigene Weise Zeugnis über Gott ablegt. Das ist keine Frage von Begabung oder Hautfarbe oder Gesundheit. Und diese Überzeugung führt dann zu einer bestimmten Form der Wahrnehmung. Wir sehen die Welt und den Menschen anders, wenn wir durch die Brille der Würde des Menschen schauen.

In John Coetzees Roman „Warten auf die Barbaren" gibt es eine Szene, die diesen Gedanken auf den Punkt bringt – Gefangene werden zu Unterhaltungszwecken vor einer johlenden Menschenmenge gequält. Dann bringt ein Soldat einen Vorschlaghammer und grinst in die Menge, die weiß, was er zu tun beabsichtigt. Die Hauptfigur des Romans schreit auf: „Nicht damit! … Wir sind das Wunderwerk der Schöpfung! … Seht diese Menschen an … Menschen!"

Die Würde des Menschen sehen wir nicht, aber wir können den Menschen in Würde sehen.

Würde, wie die aus ihr resultierende Freiheit, kann einer Person weder ursächlich zu- noch abgesprochen werden, sie ist gegeben und von allen zu garantieren. Das gilt für alle religiösen Institutionen, somit auch für die Kirche.

Der Lackmustest für eine Institution ist die Achtung vor der Würde des Menschen; sie wird dort mit Füßen getreten, wo Menschen wie Dinge behandelt werden; wo Menschen erniedrigt und gedemütigt werden. Die Kirche ist hier in besonderer Weise gefordert – nicht zuletzt deshalb, weil sie den Menschen in seiner Verwundbarkeit trifft und antrifft. Wenn man als jemand, der die Kirche liebt, demütig den Blick auf den Missbrauch an Menschen richtet, der in der Kirche und teilweise im Namen der Kirche geschehen ist, dann wird das zu einer Demut führen, die tief in den Alltag der Institution hineinreicht. Die Kirche ist aufgerufen, auch als Arbeitgeberin eine achtsame Institution zu sein.

Die Achtung vor der Würde eines Menschen zeigt sich im ruhigen Blick auf den einzelnen Menschen in seiner Einzigartigkeit. Das braucht Zeit; das verlangsamt eine Institution. Das ist mit der Idee, dass „Effizienz" das oberste Ideal ist, nicht vereinbar. Hier braucht es „langsame Institutionen", die der nichtfassbaren Würde des Menschen verpflichtet sind.

Die Würde der Person ist keine Frage der Erfahrung, keine empirische Gegebenheit; gerade deswegen ist dieses Bekenntnis geeignet als Fundament unseres Zusammenlebens, als Grundlage der Menschenrechte. Diese werden von der überwiegenden Mehrheit der Staaten anerkannt, wenn auch nicht immer eingehalten. Was allerdings von vielen nicht anerkannt wird, ist die Herkunft dieser Errungenschaft. Das Verständnis der Personenwürde verdankt sich der Begegnung von jüdisch-christlicher Offenbarung mit einer säkularisierten griechischen Philosophie. Das theologische Element von Auserwählung und die philosophische Form einer allgemeingültigen Betrachtung fließen hier zusammen.

Hier verbirgt sich eine Geschichte voller Schwierigkeiten. Wir sagen, dass wir gleich an Würde sind; es gibt kein „Mehr" und kein „Weniger" an Würde im Leben eines Menschen; gleichzeitig machen wir die Würde auch an der Einzigartigkeit eines jeden Menschen fest, und gleichzeitig behandeln wir Menschen ungleich. Wie kann ich die sichtbare Ungleichheit der Menschen mit der unsichtbaren Gleichheit der Menschenwürde vereinbaren? Der niederländische Philosoph Anton De Baets hat deswegen den Begriff der Menschenwürde als Begriff mit kurzen Beinen bezeichnet; er vergleicht die Aufgabe der Menschenwürde mit dem äthiopischen Kaiser Haile Selassie, der aufgrund seiner kurzen Beine einen Kissendiener brauchte, der blitzschnell ein Kissen unter die Beine des Kaisers schob, sobald sich dieser auf den Thron gesetzt hatte, damit die Beine nicht, eines Kaisers unwürdig, in der Luft baumelten. Der Menschenwürdebegriff ist, so gesehen, ein Koloss auf tönernen Füßen: In der Allgemeinen Erklärung der Menschenrechte vom 10. Dezember 1948 findet sich keine Begründung für die Menschenwürde. Sie wird als gegeben angenommen, aber nicht begründet. Der religiöse Mensch tut sich da leichter: Der Mensch hat als Geschöpf Würde; es ist etwas ganz Besonderes, „Geschöpf" zu sein. Der Mensch ist als Geschöpf auch Mysterium. Und dieses Mysterium verhindert, dass „Würde" zu einem Begriff unter anderen wird, den man einfach analysieren könnte. Der Mensch ist stets einzigartige

Person und kann mit allgemeinen Begriffen nicht letztgültig erschlossen werden. Da verstummen Analyse und Argument, und es bleibt die Achtung demütig staunenden Schweigens. Dieses Schweigen schafft Raum für die Achtung vor der Würde, die wir uns selbst nicht geben können.

ZUFALL

Ich möchte von einem Rosenkranz erzählen, den ich im Jahre 1978 während meiner Zeit als UNO-Soldat im Heiligen Land gekauft habe. Damals war mir Beten fremd geworden, vor allem das Rosenkranzgebet wegen seiner Länge. Dennoch meinte ich, die Mutter solle schon beten. Darum kaufte ich den Rosenkranz für sie. Meine Mutter war eine betende Frau. Als sie im Jahr 2007 starb, wollte ich ihr diesen Rosenkranz mit ins Grab geben, konnte ihn jedoch nicht finden, vielleicht war das Fügung. Beim Ordnen des Nachlasses fündig geworden, hütete ich ihn wie eine kostbare Reliquie. Einige Perlen waren vom Beten gebrochen, ich ließ sie erneuern. Nach einigen Jahren schien er endgültig verloren. Wie sehr habe ich ihn gesucht, zum heiligen Antonius gebetet, er möge mir doch helfen. Doch der Rosenkranz ließ sich nicht finden. Dann erging der Ruf nach Salzburg. Ich war mir so unsicher, ob ich dieser Aufgabe gerecht werde. So erbat ich mir von Gott ein Zeichen: Er möge mich den Rosenkranz finden lassen. Dieses Zeichen hat es nicht gegeben. Ohne diese Gebetsschnur als Verbindung zu meinen Wurzeln trat ich die Reise nach Salzburg an. Im Innersten habe ich immer geglaubt: Ich habe dieses kostbare Stück, diese Reliquie einer glaubenden Frau, die viel gebetet hat, nicht verloren.

Und siehe da, bei einem „Frühjahrsputz", meine Hausfrau hat geholfen, fand sich das ersehnte Kleinod mit Hilfe des heiligen Antonius. Was mich nicht nur freute, sondern auch nachdenklich stimmte, denn sie war erhört worden! Das ist Auferstehung im Leben. Gebet ist nie vergebens, kein Gebet geht ins Leere. Wir betreten das Feld des Glaubens; Verlustiggehen, Suchen und Finden wechseln einander ab. Ansporn bleibt die Sehnsucht. Sehnsucht weiß und weiß nicht. Nun mag es den Anschein haben, dass dem christlichen Abendland die Gebetsschnur zu Gott verloren gegangen ist. Wie tröstlich die Wahrheit: Gott ist dennoch da, lässt sich finden, solange in irgendeinem Herzen eine Sehnsucht brennt. Von diesen kleinen Zeichen lebt unser Glaube, und sie stärken das Vertrauen. Gott erhört unser Gebet.

Hier zeigen sich Fügungen, Formungen der Welt durch die göttliche Hand. Hier haben wir es nicht mit Dingen zu tun, die geschehen, wie sie geschehen, und die sind, wie sie nun einmal sind. Hier ist liebender Wille am Werk. Zufall?

Mit dem Wort „Zufall" tun gläubige Menschen sich schwer, weil damit sehr oft „Willkür" gemeint ist. Als ob es keinen tieferen Grund oder keine Ursache gäbe. Dennoch sollten wir an diesem Wort festhalten. Zufall bedeutet, es fällt zu – so fällt es uns zu, zu sein. Es gibt keinen notwenigen Grund, dass es uns geben muss. Und dennoch, oh Wunder, es gibt uns, wir sind. Dahinter sieht christliche Philosophie die liebende Schöpferhand Gottes.

Gott fügt und lässt zufallen; der Satz „Man kann nicht tiefer fallen als in Gottes Hand" ist Ausdruck unserer Über-

zeugung, dass die Ordnung, in der alles geschieht, in der wir unsere Erfahrungen machen, dass diese Ordnung alles umfasst, wenn auch in Freiheit. Man kann also nicht einfach sagen, dass es „Gott gefallen hat", wenn etwas geschieht, da wir ja glauben, dass Gott vieles zulässt, auch wenn es nicht Sein Wille ist. Wir wollen also nicht alles Elend dem Willen Gottes zuschreiben. Gleichzeitig glauben wir, dass ein Mensch sein Leben ganz in Gottes Hände legen und um Gottes Führung bitten kann. Es ist sogar ein ganz wichtiger Schritt im Glaubensleben, sich von Gott führen lassen zu wollen und zu glauben, dass Gott durch Ereignisse und Begebenheiten zu uns spricht. Es ist bewegend, Menschen zu begegnen, die die Vorsehung Gottes erfahren haben und auf die Fügungen Gottes in ihrem Leben bauen – und dankbar annehmen, was ihnen widerfährt.

Leben ist Gabe – wir sind uns nur geliehen.

Diesem Gedanken lohnt es sich nachzugehen: Unser Leben ist Geschenk, Gabe. Eine Gabe ist nicht gegeben, weil ein Anspruch bestünde. Wir haben keinen Anspruch auf das Geschenk des Lebens. Eine Gabe fordert Dankbarkeit ab. Dankbarkeit ist die Tugend des Sich-Beschenktwissens; sie ist eine Grundhaltung.

Eine Gabe hat zumindest zwei Eigenschaften: Sie ist immer auch eine Aufgabe. Ich warne immer davor, jemandem ein Buch zu schenken. Das kann man nur machen, wenn man dazu sagt: „Ich erwarte nicht, dass du das liest." Astrid Lindgren hat ein schönes Kinderbuch geschrieben, wo ein 16-jähriges Mädchen eine Schreibmaschine geschenkt bekommt. Sie hat genau gewusst, jetzt musste sie mit dieser Gabe schreiben, das Geschenk ist eine Aufgabe. Eine Gabe ist zweitens auch eine Aussage: Eine Gabe sagt sehr viel über den Gebenden, den Empfangenden und die Beziehung zwischen den beiden aus. Jesus schenkt in den Abschiedsworten den Jüngern seinen Frieden. Jesus sagt zu uns mit dieser Gabe: „Ich gebe euch meinen Frieden, weil ich weiß, dass ihr ihn braucht; weil ich weiß, dass uns das verbinden wird; weil ich weiß, dass das das Bleibende ist, das unsere Beziehung auf Dauer halten kann und nicht gefährden wird."

Die Gabe des Lebens macht uns dankbar, bringt aber auch eine Verantwortung mit sich. Wenn ich von jemandem ein Fahrrad bekomme, dann bringt dieses Geschenk die Verantwortung mit sich, damit gut umzugehen, also zu fahren. Das Geschenk des Lebens bringt eine Verantwortung mit sich, „aus dem Leben etwas zu machen". Das kann man in der Philosophie lesen: Der Mensch habe eine Verantwortung, das eigene Leben in die Hand zu nehmen, zu gestalten, als eigenes zu leben. Und die christliche Tradition fügt hinzu: Diese Verantwortung ergibt sich daraus, dass das Leben geliehene Gabe ist, über deren Gebrauch wir Rechenschaft abzulegen haben.

Das Leben ist Gabe, wir sind uns nur geliehen: Man kann sich das vielleicht so vorstellen, wie es im Gleichnis von den anvertrauten Talenten angedeutet wird: Du bekommst ein leeres Blatt und Farben, um ein Bild zu malen. Du bekommst ein leeres Buch und einen Stift, um eine Geschichte zu schreiben. Du bekommst Holz und ein Grundstück, um ein Haus zu bauen. Du bekommst Stoff und einen Webstuhl, um einen Teppich zu weben. So ist es vielleicht mit dem, was man die Gabe des Lebens nennt. Du hast einzigartige Voraussetzungen und Zutaten bekommen. Mit der Einladung, etwas daraus zu machen.

Das Leben ist natürlich nicht einfach eine Gabe wie ein Fahrrad, das man in die Ecke stellen kann. Alles, was wir erfahren, macht unser Leben aus, gehört dazu; alles, was das Leben zu bieten hat, prägt und formt den Menschen.

Ich möchte aus einer bemerkenswerten Rede zitieren, die der US-Höchstrichter John Roberts jüngst zum Schulabschluss seines Sohnes vor Absolventen gehalten hat: „Ich hoffe, dass ihr von Zeit zu Zeit unfair behandelt werdet – damit ihr Gerechtigkeit schätzen lernt. Ich hoffe, dass ihr Verrat erleidet, der euch die Wichtigkeit von Loyalität lehrt. Ich sage es ungern, aber ich hoffe, dass ihr manchmal einsam sein werdet – damit ihr Freundinnen und Freunde nicht für selbstverständlich erachtet. Ich wünsche euch außerdem von Zeit zu Zeit Pech – damit euch die Rolle, die der Zufall im Leben spielt, bewusst wird und ihr versteht, dass euer Erfolg nicht allein auf eigenem Verdienst beruht und das Scheitern anderer nicht völlig verdient ist."

Der heilende und tröstliche Glaube an die Vorsehung Gottes ist mit solchen Erfahrungen von Ungerechtigkeit und Einsamkeit vereinbar; denn Gott führt in einer Weise, die unsere Seele vor Abstumpfung bewahrt. Und diese kann eintreten, wenn Dinge selbstverständlich werden. Immer wieder hören wir bewegende Geschichten von erstaunlichen Zufällen. Diese kann man auch mit den Augen des Glaubens anschauen.

Zufall bedeutet – so verstanden – nicht blindes Schicksal, sondern lässt die letzte Unverfügbarkeit des Lebens sichtbar werden. Ein geglücktes Leben steht nicht allein in unserer Macht, sondern hängt von Umständen und Faktoren ab, die wir nicht bestimmen können. Leben ist immer auch Wagnis, und darin offenbart sich nicht selten Ziel und Zweck. Ich durfte immer wieder Menschen begegnen, die schwere und schwerste Erfahrungen durchzustehen hatten. Wenn sie am Ende ihres Lebens versöhnt zurückblickten, hörte ich sie nicht selten sagen: „Es hat so sein müssen!" Einmal bin ich anlässlich einer Visitation einem 93-jährigen Mann begegnet. Er hat den ganzen Zweiten Weltkrieg und anschließend Jahre in Gefangenschaft miterlebt. Er erzählte, wie er sich einst geweigert hatte, auf flüchtende Soldaten zu schießen, und wie sich ihm daraufhin alle in der Gruppe anschlossen. Das war gefährlich. Auf Befehlsverweigerung stand Todesstrafe. Berührend die Summe seines Lebens: „Ich war immer geführt!" Auch der große Theologe Karl Rahner musste so manche Widerwärtigkeit ertragen. Am Ende seines Lebens, kurz vor seinem Sterben, konnte er sagen: „Es ist alles gut geworden!"

Dieses Vertrauen auf die gute Kraft dessen, was zufällt – wenn alles gut endet, kann auch vieles, was auf dem Weg geschehen ist, bejaht werden!

Betrachten wir die Begegnung der beiden Jünger auf dem Weg nach Emmaus! Sie treffen auf Jesus, erkennen ihn aber nicht. Sie sind in ihrer Trauer unterwegs, sinnieren über das Geschehene, da gesellt sich ein Weggenosse dazu, dem sie vorwurfsvoll von ihrem Unverständnis über all das, was sich in jenen Tagen in Jerusalem ereignet hat, erzählen – ohne zu wissen, mit wem sie unterwegs sind. In diese Situation hinein die Worte des Auferstandenen: „Musste nicht der Christus das erleiden und so in seine Herrlichkeit gelangen?" Sie aber verstehen nicht.

Wir verstehen es in Wirklichkeit ja auch nicht; Jesus war

frei, sagte sein Ja in aller Freiheit, und dieses Ja führte ihn dorthin, wohin er vielleicht lieber nicht gegangen wäre.

Unser Verstehen stößt dort an die Grenze, wo uns offensichtliche Gründe fehlen. Zeugnisse von Lebenserfahrungen zeigen, für den gläubigen Menschen gibt es den puren Zufall nicht. Leben im Glauben kennt tiefere Gründe, die der äußeren Wahrnehmung verborgen bleiben. Leben im Glauben wird geleitet von Fügung und Vorsehung. Berufungsgeschichten haben immer etwas Zufälliges an sich, werden aber in ihrer Fortdauer fast zu metaphysischen Wahrheiten. Die Zufälligkeit am Anfang erweist sich als Fügung Gottes.

Die Berufung eines Menschen, das ist so etwas wie der tiefste Ruf, die Einladung, auf das tiefste Warum zu antworten. Berufung ist die Einladung, einen bestimmten Platz einzunehmen – oder auch: jenen Platz einzurichten und aufzubauen, den nur ich einnehmen und aufbauen kann.

Wir sind von Anfang an in Gottes Hand: „Ehe ich dich im Mutterleib bildete, habe ich dich ausersehen", heißt es beim Propheten Jeremia (1,5). Simon Petrus ist seiner Berufung gefolgt. Nach all dem, was ihm an Fehlern und Schwächen bis hin zur Verleugnung passiert ist, bekennt er hingebungsvoll: „Herr, wohin sollen wir gehen, denn nur du hast Worte ewigen Lebens!" (Joh 6,68)

Wir sind nicht berufen, weil wir strahlen, sondern berufen in aller Zerbrochenheit; aber sicherlich sind wir berufen, Gottes Gegenwart zum Strahlen zu bringen. Und das kann auf so viele Weisen geschehen, dass wir wissen, dass es immer auch anders hätte kommen können.

„Zufällig ist etwas, das im Moment des Entstehen anders oder gar nicht hätte entstehen können," so der Philosoph und Theologe Johannes Duns Scotus. Lateinisch spricht man von contingentia – Kontingenz. Sie ist Bedingung für Freiheit und innovatives Schaffen und für die Schöpfung.

Und diese Freiheit sorgt immer wieder für Überraschungen, für das Durchkreuzen von Plänen, für Enttäuschungen und Unerwartetes. Das macht das Leben auch zu einem ganz gewaltigen Abenteuer. Es kann nicht bis ins Letzte vorhergesagt, berechnet, vermessen und geplant werden.

Meine Bekehrung auf Zypern löste eine große Begeisterung in mir aus, die fast in eine Sicherheit ausgeartet ist, dass alle klar sei. Ich war Soldat, Ausbildner, musste hart durchgreifen. Das wollte ich nicht. Da wurde mir der Posten eines Sanitäters angeboten. Zudem habe ich eine Freundin gefunden, die in Glaubensfragen ähnlich dachte. Ich meinte, das Leben zu verstehen und im Griff zu haben, den Glauben als zusätzliche Trumpfkarte in der Hand. Doch das musste durchkreuzt werden! Die Beziehung wurde beendet, den Platz als Sanitäter hatte ein anderer bekommen und ich wurde der Funkmeldetruppe zugeteilt. Dies waren heilsame Erfahrungen: Nicht zu schnell verstehen! Nicht festhalten! Loslassen!

Gott kann „aus allem" etwas machen, so wie Gott auch „aus nichts" etwas machen kann. Natürlich ist es wichtig, klug zu sein, vorausschauend zu denken und mit einem wachen Blick für Verantwortung das Leben zu leben und Pläne zu machen. Aber so, wie das Wesentliche unsichtbar ist und nur mit dem Herzen gesehen werden kann (so steht es im „Kleinen Prinzen" von Antoine de Saint-Exupéry), so kann das Eigentliche nicht geplant werden. Wachstum im Glauben, die Liebe zu einem Menschen, der Durst nach Gerechtigkeit: sie können nicht geplant werden. Aber sie finden doch im Rahmen einer Ordnung statt, in der wir handeln können und sollen.

Sich führen lassen vom Heiligen Geist heißt nicht, die Hände in den Schoß legen. Nein, wir sollen uns aufrichten, beste Köpfe und Herzen in dieser Welt sein, die Talente entfalten, wie Jesus gebietet, aber all das eingebettet in das Vertrauen auf Gott, dass er alles zum Guten wenden wird! Das heißt Leben mit dem Heiligen Geist! Franz von Sales, der sanftmütige Bischof von Genf, bringt dieses gegenseitige Verwiesensein von Gott und Mensch, Gnade und Werk pointiert ins Wort: „Bete, als ob alles von Gott abhinge. Und arbeite, als ob es ganz an dir läge."

„ICH ABER MUSS KLEINER WERDEN"

ZUM ABSCHLUSS

Wer war es, welche Menschen waren es, die als erste Jesus als den lang ersehnten Messias erkannt haben? Was waren das für Menschen, was zeichnete sie aus? Es waren nicht die Bewohner von Nazareth, mit denen Jesus über dreißig Jahre hindurch das Leben geteilt hatte, wo er eingetaucht war in die sogenannte graue Alltäglichkeit. Es waren, so wird uns berichtet, z. B. Hirten. Hirten waren damals Leute am Rande. Hirten werden in alten rabbinischen Schriften mit Räubern und Dieben in einem Atemzug genannt. Heute würde man sagen, religiös unmusikalische Leute. Nun sind es gerade diese auf ein raues Leben eingestimmten Menschen, die den Engelsgesang vernahmen und bereit waren, mitten in der Nacht aufzubrechen, um das Ereignis zu sehen. Dann waren es Magier aus dem Osten, wiederum Menschen, zu denen Jesus sich anfangs nicht gesendet wusste. Ausländer! Aber sie sahen einen Stern aufgehen und machten sich auf den Weg, um das Kind zu finden und es anzubeten.

Das Christentum hat in einem Stall in Betlehem begonnen, nicht in einem prunkvollen Palast und auch nicht in einem soliden Wohnhaus in Nazareth. Gott hat sich so klein gemacht, um unter uns zu wohnen und mit uns zu sein. Wenn Johannes der Täufer über den Messias sagt, „Er aber muss wachsen", dann sagt er dies vor dem Hintergrund der Liebe unseres Gottes, der seine Gottheit hintangestellt hat, um uns den Weg zum Heil zu schenken. Nachfolge Jesu ist auch und gerade Nachfolge auf diesem Weg des „Hintanstellens".

Das Johannesevangelium schildert, wie Jesus die Füße der Jünger wäscht und dann sagt: „Ich habe euch ein Beispiel gegeben, damit auch ihr so handelt, wie ich an euch gehandelt habe" (Joh 13,15). Jesus hat sich klein gemacht, sich tief hinuntergebeugt, um den Jüngern die Füße zu waschen. Und dieser Geist Jesu, dieser Geist muss wachsen! Darum sagt Johannes der Täufer ja nicht nur: „Er muss wachsen", sondern fügt auch hinzu: „Ich aber muss kleiner werden" (Joh 3,30).

Das ist die besondere Herausforderung: Wege des „Abnehmens" zu finden. Da geht es nicht darum, das eigene Licht unter den Scheffel zu stellen oder die gottgegebenen Gaben zu leugnen; da geht es nicht darum, sich künstlich an der Entfaltung zu hindern. Nein, es geht darum, die Ehre Gottes zu suchen und nicht die eigene Ehre; es geht darum, sich in den Dienst an Gott und an den Menschen zu stellen und sich wirklich tief zu freuen, wenn das Reich Gottes wächst und spürbar wird. Wir müssen kleiner werden, das heißt Demut üben. Hochmut kommt zu Fall, heißt es einmal in der Heiligen Schrift, und es gibt unzählige Beispiele in der Geschichte, wie viel Unglück und Verderben durch Hochmut über die Menschen gekommen ist.

Demut ist gelebtes Wissen um die eigene Verwundbarkeit. Diese wird uns in besonderer Weise in den letzten Schritten auf dem Lebensweg bewusst. Wenn Menschen auf ihre letzte Stunde zugehen, nehmen sie in vielem ab; manche werden wie ein Kind. Altwerden ist auch eine Form des Abnehmens. Der Radius wird kleiner, die Kraft nimmt ab, die Gebrechlichkeit steigt. Oftmals wächst aber gleichzeitig die Gelassenheit, die Güte, das Freiwerden für das Wesentliche, die Durchsichtigkeit auf Gott hin. Dieses Wachsen ist das Abnehmen, um das es geht.

Johannes der Täufer kann uns hier wahrhaft Vorbild sein; er wurde nicht von Jesus in den innersten Kreis der Apostel berufen. Er stand dabei, er stand daneben. Johannes hatte eine besondere Mission zu erfüllen, so wie Maria auch. Und das haben beide mit ganzer Hingabe getan, ohne „mehr" oder „anderes" sein zu wollen.

Als Jesus beginnt, öffentlich zu wirken, und dazu anfängt, Jünger zu sammeln, was geschieht da? Johannes sieht Jesus kommen, er richtet seinen Blick auf ihn und sagt jene Worte, die wir in der Heiligen Messe jeden Tag beten: „Seht das Lamm Gottes." Und was tun die Jünger des Johannes? Sie folgen Jesus, als er sie einlädt mit den Worten: „Kommt und seht!" Aber was geschieht mit Johannes? Er bleibt zurück, allein! Jesus geht an ihm vorüber.

Johannes hatte eine ganz wichtige Mission. Das gilt für jede und jeden von uns. Johannes der Täufer war sich dessen sehr wohl bewusst. Im Prolog des gleichnamigen Evangeliums des Johannes wird er vorgestellt, dort heißt es: „Ein Mensch trat auf, von Gott gesandt; sein Name war Johannes."

Ein Mensch tritt da auf und nicht ein Alleskönner; ein Gesendeter und nicht jemand, der sich selbst genügt. Johannes ist Zeuge, er sieht seine Aufgabe darin, Zeugnis abzulegen für das Licht. Ausdrücklich betont Johannes, dass er nicht selbst das Licht ist. Er folgt einer himmlischen Sendung; er weiß sich Gott verpflichtet, der über dem Boten steht; Jesus ist das wahre Licht.

Die Mission des Johannes bestand darin, vorzubereiten, daneben zu stehen, Jesus vorüberziehen zu sehen und zurück zu bleiben. Das sind Formen und Weisen des Abnehmens, des Kleinerwerdens. Auch wir sind die, die eingeladen sind, vorzubereiten, daneben zu stehen, Jesus an uns vorüberziehen zu lassen. Es geht nicht um uns, es geht um Gott in uns. Und dann können wir ganz „wir selbst" werden.

PERSÖNLICHES NACHWORT

„Kaum zu glauben", dieses Buch ist wirklich geschrieben. Es war für mich eine große Herausforderung, damit meine ich nicht nur den zeitlichen Aufwand. Gedanken aus unterschiedlichen Lebensstationen, erneut betrachtet, fordern Auseinandersetzung. Dem eigenen Anspruch wollte ich mich stellen und auch dem der Leser. Daran ist ein vormaliges Buchprojekt gescheitert. Mein Co-Autor, ich darf ihn Freund nennen, hat mich bestärkt, über meinen Weg mit Gott zu schreiben. Mein Umfeld – im Besonderen Heidi Zikulnig und Martin Seidler – hat nicht lockergelassen, mich versiert und sehr beharrlich begleitet.

Der heilige Johannes der Täufer – Prophet der Zeitenwende – ist zum Angelpunkt meines Lebens in der Nachfolge Christi geworden. Er entstammt dem Alten Testament und steht am Beginn einer neuen Ära. Mit ihm beginnt das Neue. Auf Christus hinweisend bekennt er: „Illum oportet crescere" – „Er muss wachsen", „me autem minui" – „ich aber muss kleiner werden" (Joh 3,30).

Orte des Glaubens liegen an Wendepunkten: Gewohnheiten und Herausforderungen wechseln sich ständig ab. Glauben kennt viele Etappen und Ziele, mehrmals wähnte ich mich angekommen; meine Wege waren meist Umwege, zuweilen auch Sackgassen. Unvermögen, zeitgeistiges Mitlaufen, auch Schuld säumen diese:

- Ich hatte Elektriker gelernt und musste merken, das ist es nicht.
- So wurde ich arbeitslos und hielt mich mit Gelegenheitsjobs über Wasser.
- Dann Berufssoldat, davon ein Jahr bei der UNO auf Zypern, der Ort der Umkehr und der Berufung zum Priestertum.
- Als Franziskaner und Priester meinte ich, am Ziel des Weges zu sein; doch die Vorgesetzten schickten mich nach Rom zum Weiterstudium. In Folge Professor für Philosophie, darauf eingestellt, mein ganzes aktives Leben in Rom zu verbringen.
- Bald darauf die Wahl zum Provinzial der Franziskaner.
- Nach dreieinhalb Jahren geschah die größte Überraschung: Weihbischof von Graz-Seckau, elf Jahre später der Ruf zum Erzbischof von Salzburg, ins sogenannte Rom des Nordens; insofern hat sich der Kreis wieder geschlossen.

Die schon recht lange Wegstrecke meines Lebens enthält einige unerwartete Wendungen. Diese lehren mich offen zu bleiben für die Überraschungen Gottes. Die größte von ihnen ist wohl Auferstehung – endgültige Wende des Lebens. Eines ist gewiss: Großes kündigt sich Glaubenden an. Aufmerken! Zur Wachsamkeit möchte dieses Buch einladen.

+ Franz Lackner